CÓMO ENCONTRAR EL AMOR DE TU VIDA

HUGO Y TATI
MARTINEZ

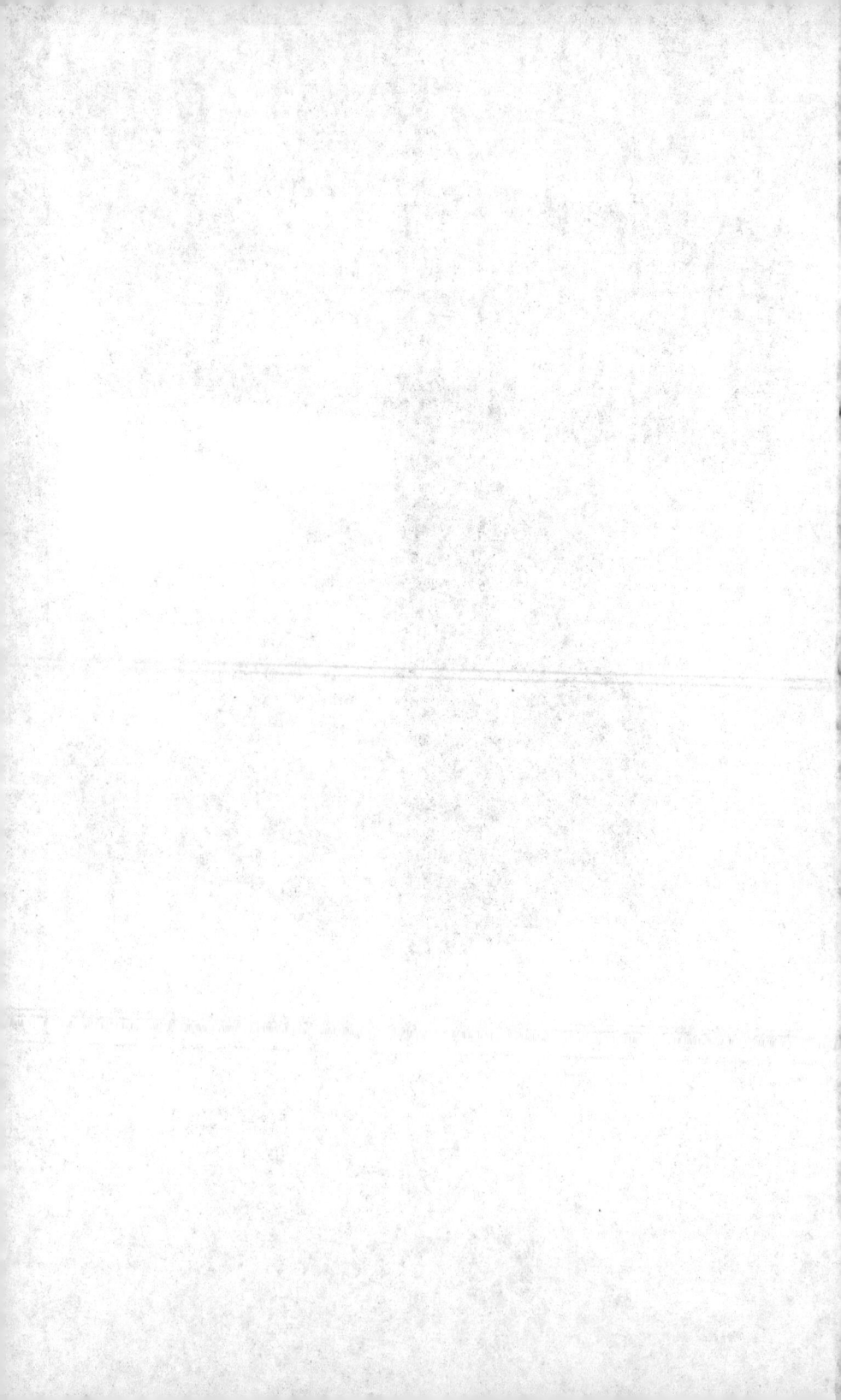

LOS SECRETOS DE UN
NOVIAZGO EXITOSO

CÓMO ENCONTRAR EL AMOR DE TU VIDA

HUGO Y TATI
MARTINEZ

Vida®

EJ Especialidades
Juveniles.com

La misión de Editorial Vida es ser la compañía líder en comunicación cristiana que satisfaga las necesidades de las personas, con recursos cuyo contenido glorifique al Señor Jesucristo y promueva principios bíblicos.

CÓMO ENCONTRAR EL AMOR DE TU VIDA
Edición en español publicada por
Editorial Vida – 2011
Miami, Florida

© 2011 por Hugo y Tati Martínez

Edición: *María Gallardo*
Diseño interior y de cubierta: *Luvagraphics*

ISBN: 978-0-8297-5742-2

CATEGORÍA: JUVENIL NO FICCIÓN/Temas sociales/Noviazgo y sexo

IMPRESO EN ESTADOS UNIDOS DE AMÉRICA
PRINTED IN THE UNITED STATES OF AMERICA

13 14 15 16 ❖ 9 8 7 6 5 4

AGRADECIMIENTOS:

A Jesucristo: No nos sería posible poner en práctica ninguno de los principios tratados en este libro si no te tuviéramos en nuestras vidas. ¡Con tu ayuda sí se puede vivir un noviazgo conforme al corazón de Dios!

A Lucas Leys: Agradecemos la oportunidad que nos das de escribir este libro, y admiramos tu ardua dedicación y tu trabajo para esta generación de jóvenes.

A Sergio "El parce": Gracias por apoyarnos incondicionalmente en la tarea de escribir este libro. Tu actitud y disposición son una bendición para nuestras vidas.

DEDICATORIA:

A nuestros hijos Hugo y Esteban, quienes se están guardando para el día en que conozcan a esa chica especial. ¡Los amamos!

Y a una generación de jóvenes que quieren vivir un noviazgo que agrade a Dios.

CONTENIDO

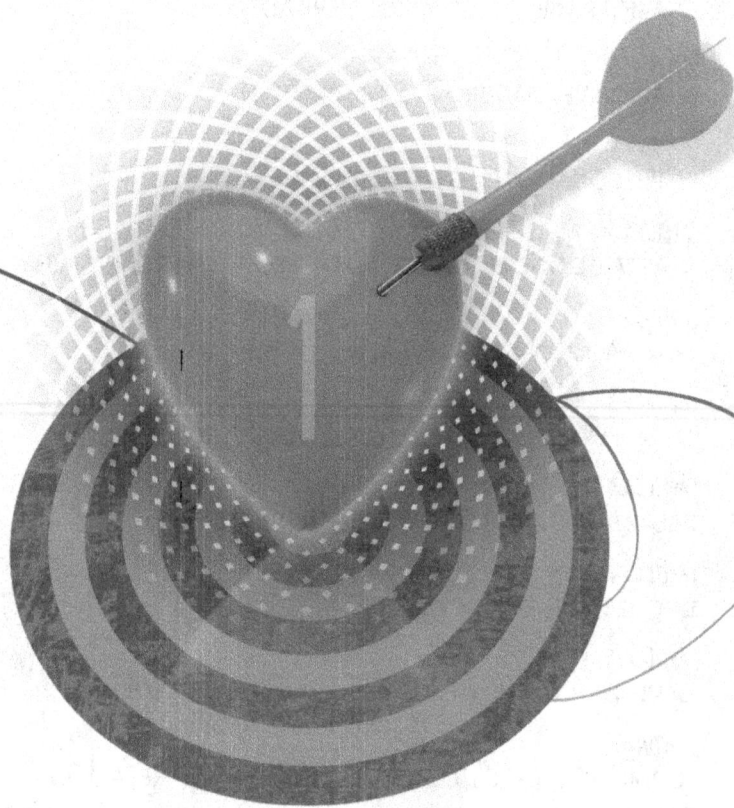

UN VIAJE MUY ESPERADO

¡Por fin llegó el correo! Toda la espera había resultado en un sobre tamaño carta que contenía un sinfín de papeles y diligencias que debían completarse con prontitud. El sueño de mi niñez parecía estar cada vez más cerca...

Llené los papeles, realicé las diligencias... ¡y el Instituto Teológico aceptó mi inscripción más pronto de lo que yo podía digerir! En menos de seis meses (incluidos varios altibajos de ánimo) me encontré a punto de abordar un avión que significaría un adiós al hogar y un nuevo comienzo en una tierra de lengua extraña.

Toda mi familia se dio cita en mi casa el día que me llevaron al aeropuerto. Hermanos, tíos, sobrinos... todos me despidieron con cartelones, globos y un gran bullicio. Como era de esperarse, la despedida de mis padres fue la más difícil. Mamá lloraba inconsolablemente ya que, aunque ella me apoyaba en todo, el amor de madre hacía que sintiera pesar por el hecho de que no iba a verme durante dos largos años.

Ya llegados al aeropuerto, las palabras que más escuché durante un buen rato fueron: "Adiós, Sergio", "Cuídate", "Escríbenos", "Dios te bendiga". Luego, mi nombre se fue oyendo cada vez más lejano a medida que me adentraba por la puerta del corredor que me conduciría al sector de embarque. No sé de dónde ha sacado la gente la errónea idea que "los hombres no lloran". La realidad es que mientras caminaba hacia la sala de espera las lágrimas rodaban por mis mejillas sin poder parar. Era una rara mezcla de alegría y tristeza.

Una vez sentado en el avión, me preguntaba una y otra vez cómo sería el lugar al que me dirigía. Deseaba saber si Estados Unidos lograría llenar las expectativas que habían creado en mí la televisión y las revistas. Y esperaba averiguarlo pronto...

* * *

El primer trámite en lo que a partir de ese momento se convertiría en mi nuevo hogar se llevó a cabo en un edificio totalmente distinto a como lo había imaginado. Había papeles por todos lados, letreros con palabras en un idioma que yo honestamente manejaba a medias, y no encontraba a nadie con un rostro que me resultara familiar (o, para ser más exactos, ¡no había ningún latino cerca!)

Tras sentarme frente a más mesas de las que puedo recordar, y luego de lograr saludar al director que por casualidad pasaba por allí, recibí la llave de un cuarto en el edificio de varones y una identificación con una foto en la que no me veía muy bien. Media hora más tarde ya estaba en mi habitación, y allí comenzó mi aventura... Un cuarto pequeño, un compañero al que nunca entendí bien, un baño totalmente distinto al de casa, y un balcón al que según las reglas no podía acceder. ¡La vida ya nunca sería igual!

La semana siguiente la pasé en un curso introductorio, y leyendo guías sobre qué hacer y qué no, para (eso pensé) no pasarla por "primerizo" y verme envuelto en una serie de vergüenzas que con seguridad ocurrirían en público y agravarían mi primera experiencia de estudio lejos de la seguridad de un sistema conocido.

¡Desde muy pequeño yo había sabido que quería prepararme en un Instituto Teológico, y por eso estaba tan ansioso de que las clases comenzaran!

Pasó un fin de semana más y, por fin, el tan esperado día llegó. Dentro mío había una serie de emociones y sentimientos encontrados. Nervios, sueños acerca de posibles nuevos amigos, maestros a quienes ya quería conocer, asignaturas que sabía que me brindarían bases fundamentales para el resto de mi vida, y al mismo tiempo una melancolía por mis seres queridos que se encontraban a miles de kilómetros de distancia.

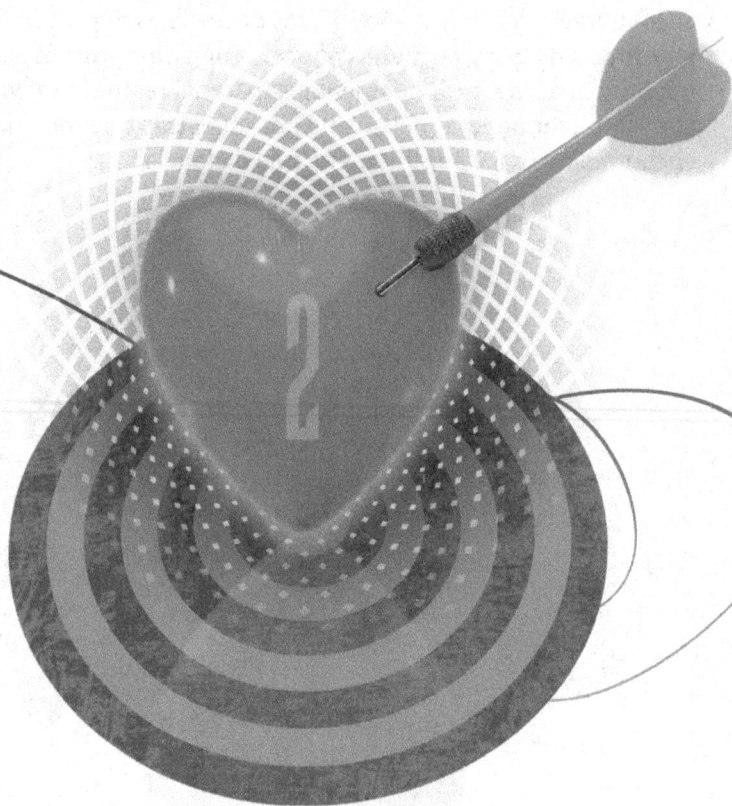

LA SEGUNDA DECISIÓN MÁS IMPORTANTE DE TU VIDA

Comenzó la primera clase, y yo estaba tan receptivo como una esponja. Lo absorbía todo. Tomaba notas tan rápido como mi mano me permitía escribir. Era la clase de "Doctrinas Fundamentales", y me produjo un asombro constante gracias al conocimiento del profesor y a su talento y sabiduría para trasmitir los contenidos que debía enseñar.

Durante el receso que tuvimos tras la primera clase me dediqué a conversar con mis compañeros sobre lo que habíamos aprendido. Unos minutos después decidí echar un vistazo para ver qué materia seguía, y para mi sorpresa vi que nos tocaba una asignatura titulada "Noviazgo y Matrimonio". Para ser sincero, pensé que era ridícula una materia así en un Instituto Teológico al que vas a prepararte para ser un gran ministro. Pero, ¡que equivocado estaba! No me imaginé que lo que iba a aprender allí cambiaría por completo el concepto que tenia acerca del noviazgo y mi manera de pensar al respecto.

Lo primero que me llamó la atención fue que la materia la impartía un matrimonio. Yo había estado anteriormente en diferentes seminarios y conferencias sobre el tema, pero nunca me había tocado escuchar a una pareja.

Sinceramente, no estaba tan receptivo como en la primera clase. Mi actitud era más bien de resignación. Sin embargo, por cortesía para con ellos, y principalmente porque me había sentado en la primera fila, saqué mis cuadernos y puse una gran sonrisa, haciéndoles creer que me interesaba lo que estaba a punto de escuchar.

Ellos se presentaron:

—¡Buenos días! Somos Iván y Magnolia Contreras, y estamos muy contentos de poder impartir esta clase. Nuestra materia no se trata tanto de teología como de aspectos prácticos que pueden cambiar el rumbo de sus vidas. Abran sus corazones y estén dispuestos a que Dios les hable. Más que sus maestros, nos interesa ser personas con las cuales tengan confianza, y deseamos que puedan ver en nosotros a unos padres, por lo que les pedimos que nos llamen simplemente "Magnolia" e "Iván".

Con esto quedé pasmado. Yo provenía de una tradición formal y rígida, en la que dirigirse a las autoridades implicaba respeto y en la que se utilizaban formas como "usted" o "profesor", no llamándole nunca por su nombre. Creo que en principio fue esto lo que hizo que me cayera bien esta "parejita".

A continuación me sorprendió la pregunta que hizo Magnolia:

—Jóvenes, ¿cuál es la segunda decisión más importante de sus vidas?

Diferentes manos se levantaron y comenzaron a opinar. Pero para sorpresa de todos, Iván (su esposo) alzó la voz y, con claridad y autoridad, dijo:

—Chicos, la segunda decisión más importante de sus vidas es CON QUIÉN SE VAN A CASAR.

Lo dijo de manera pausada, pero al mismo tiempo enfática.

Viniendo de un hogar en el que se me inculcó desde pequeño la importancia de tener una relación con Dios, YO SABÍA QUE LA PRIMERA DECISIÓN MÁS IMPORTANTE EN LA VIDA ERA RECIBIR A CRISTO COMO SEÑOR Y SALVADOR. PERO NUNCA ME HABÍA PUESTO A PENSAR QUE PUDIERA EXISTIR UNA SEGUNDA DECISIÓN IMPORTANTE. Mi vista se quedó perdida mientras mi cabeza giraba alrededor de este concepto que acababa de escuchar. Una y otra vez mi mente repetía: "La segunda decisión más importante de tu vida es con quien te vas a casar".

De repente me percaté de que los ojos de Magnolia me observaban, y supe que ella se había dado cuenta de que mi mirada estaba perdida. Ella simplemente me sonrió, y yo estuve seguro de que ella sabía que ese concepto era lo que estaba dando vueltas en mi cabeza. Yo me sonrojé por la vergüenza de que ella lo hubiera notado. Un minuto más tarde, mi distracción y mi actitud desinteresada del comienzo se habían convertido en concentración y ánimo de seguir escuchando...

Cuando anunciaron que la clase había concluido, tomé mis pertenencias y me dirigí hacia el auditorio principal que tiene el Instituto. Todos los días en la tercera hora de clases nos congregábamos allí todos los alumnos del instituto (tanto los de la escuela en inglés como los de la escuela en español). Escuchábamos a un orador nuevo cada semana. ¡Es sorprendente ver reunidos a todos tus compañeros, en su mayoría americanos pero también de todas partes del mundo, en un mismo auditorio! Allí podías encontrar africanos, indios, y coreanos, entre otros. Debido a que el orador hablaría en ingles, me ubique en la parte de arriba del salón, en lo que llamábamos "el balcón". Ahí nos acomodábamos todos los que necesitábamos traducción, y usábamos unos auriculares para poder escuchar las conferencias.

Luego, por fin, llegó la hora tan esperada: ¡la hora de almorzar! Más de mil jóvenes salen de sus clases cada día a las 12 del mediodía en punto para comer. Me puse a caminar por los pasillos con mi bandeja de comida buscando a chicos que hablaran mi idioma... ¡Ahí estaban! (Pude identificarlos, más que por el idioma, por el escándalo que nos caracteriza a los hispanos cuando nos juntamos con otros.) Rápidamente me acomodé al lado de una chica que parecía muy agradable...

—Hola, soy Sergio.

—Hola, mi nombre es Keila.

"¡Vaya, qué chica tan atractiva!", pensé. Cabello negro, ojos claros de mirada penetrante, una sonrisa agradable... En pocas palabras, una hermosa chica latina. Después de intercambiar un par de frases, le pregunté:

—Cuéntame, ¿de dónde eres? ¿Cómo fue que decidiste venir al Instituto?

—Soy nacida en los Estados Unidos de padres hispanos, y bueno... la verdad es que mi vida estaba pasando por una serie de ajustes emocionales. La monotonía, la rutina, ya sabes... esas etapas en que te preguntas: "¿Tendrá sentido la vida?" Un día me encontré con una buena amiga a la que no veía hacía algunos años. Nos habíamos conocido en unas reuniones de jóvenes en las que nos juntábamos para aprender de la Biblia. Pero ahora ella tenía un rostro distinto. Se veía tan contenta que me llamó la atención. Comenzó a platicarme y me dijo que hacía seis meses que se había graduado de este Instituto. Y bueno... el resto es historia. Estoy aquí, y estoy llena de expectativas. La verdad es que no me imaginaba que esta escuela fuera tan increíble.

*   *   *

Después de la primera semana de clases ya me sentía más acostumbrado a los horarios, a las instalaciones, y sobre todo al cuarto que me habia sido asignado. Cada materia era realmente maravillosa, y el ambiente entre los compañeros me gustaba mucho. Algo que siempre me hacía sonreír era el escuchar los diferentes acentos latinos. ¡Era tan simpático que dentro de un mismo salón hubiera tantos! La siempre escandalosa Nohelia de Republica Dominicana que se podía escuchar a la distancia, Ramiro de Costa Rica, Fernando de Venezuela, Jairo de Chile, Rubén de Colombia, Rosita de México... En fin, todos le ponían una sazón muy especial a la escuela en español.

* * *

Un nuevo día había comenzado, y noté que se acercaban por el pasillo Iván y Magnolia, lo cual me hizo recordar que teníamos clase con ellos. La verdad es que yo, aunque interesado, todavía tenía una actitud un poco hostil ante la materia, así que una vez tomados nuestros asientos en el salón, al comenzar la clase lo primero que hice fue decirles:

—Perfecto. Me quedó claro, y tiene mucho de cierto, que la segunda decisión más importante en nuestras vidas es con quién nos vamos a casar. Pero, ¿cómo hacemos para tomar semejante decisión?

Lo pregunté con un tono irónico, como para retarlos a ver si tenían una respuesta concreta. Para mi sorpresa, Iván contesto amablemente:

—Jóvenes, ¿no sería ideal que Dios nos mostrara en sueños a la mujer o al hombre que es para nosotros? ¿No sería ideal que nos susurrara al oído el nombre de esa persona? ¿O al menos la inicial de su nombre? ¿O que nos cayera un papel del cielo que dijera "Es Rita", o "Es Juan Manuel"? ¡Sí que seria maravilloso!

Todos hicimos un gran silencio, acompañado de expresiones de atención hacia nuestros dos profesores. Esperábamos recibir una clave mágica para saber cómo escoger a la persona correcta con la cual compartir el resto de nuestras vidas. Después de una pausa, y de disfrutar nuestro anhelo por saber la respuesta, él agregó:

—La verdad es que muy raras veces sucede algo así. Pero DEBIDO A QUE ES LA SEGUNDA DECISIÓN MÁS IMPORTANTE DE NUESTRAS VIDAS, DIOS NOS HA DEJADO EN SU PALABRA ALGUNOS PRINCIPIOS QUE NOS PUEDEN AYUDAR A TOMARLA LO MEJOR POSIBLE.

Con un tono de voz dulce pero determinado, Magnolia hizo un comentario que yo ya había escuchado en mi grupo de jóvenes:

—Por favor, chicos, no seamos absurdos al pedir señales del cielo. Algunos hacen oraciones como éstas: "Si Rosita viene vestida de amarillo, es señal del cielo de que es para mí", o "Si Roberto trae corbata verde, entonces es de Dios".

Magnolia contó que a ella misma le había sucedido algo cuando era soltera que la había desconcertado por completo:

—Recuerdo que un día un chico del grupo de jóvenes me dijo: "Dios me indicó que tú vas a ser mi esposa". Yo me quedé pasmada. Teniendo muy poco tiempo de conocer a Dios, e ignorando muchos de los principios de su Palabra, recuerdo que fue como un balde de agua fría. Él no me gustaba, a mi parecer era horrible, y apenas nos llevábamos bien. Yo comencé a preguntarme: "¿Será que Dios de verdad le dijo eso? ¿Y qué si yo no hago caso? ¿Me quedaré soltera? ¿Qué debo hacer? ¿Y si esto es la voluntad de Dios y yo desobedezco?" Gracias a Dios justo me topé con una mujer mayor a la que me atreví a contarle mi problema. Ella amablemente me contestó algo que me pareció muy lógico: "Magnolia, esto es sencillo, si Dios le habló a él, también te va a hablar a ti. Dios no va a hacer algo que vaya en contra de tus sentimientos y deseos sin avisártelo antes. Y en muchas ocasiones se presentará la disyuntiva: habrá dos chicos que te busquen, y ahí tú decidirás quién es el mejor candidato." ¡Ustedes no saben el gran peso que se me quitó de encima en ese momento!

E Iván agregó:

—Es por eso que en esta clase queremos darles herramientas prácticas para cuando les llegue el momento de decidir. Tomen nota del principio número uno para la toma de decisiones en este tema tan importante:

> EL PRINCIPIO DE LA PAZ
>
> "Y LA PAZ DE DIOS GOBIERNE EN VUESTROS CORAZONES..."
>
> COLOSENSES 3:15 (RVR60)

Luego de que lo copiamos en nuestros cuadernos, él continuó:

—Esta es la manera más común y sencilla a través de la cual Dios nos habla.

Ramiro levantó la mano y, mirando a los demás, dijo de manera burlona:

—¿Y qué sucede si te da paz robar?

Muchos se rieron. Pero Iván le respondió:

—Bueno, estamos partiendo de una base Bíblica, en la que existen la moral y los buenos principios. Sabemos que robar es algo que está penalizado incluso por las autoridades civiles. Si a una persona le da paz robar, entonces es una persona que tiene la mente y el corazon confundidos. Dios nunca va a contradecir su Palabra, y Él ha dicho "No robarás", "No matarás", etc. Pero no estamos aquí para discutir si a una persona le da paz robar o no, así que mejor vamos a adentrarnos en la materia...

Iván continuó explicando el principio de PAZ, y añadió:

—Cada decisión que tomes, por simple que sea, va a afectar tu vida. ¿Pero cómo poder reconocer la paz de Dios cuando ya tus sentimientos están involucrados en una relacion? Esta es la pregunta típica de los jóvenes, ya que es algo que sucede muy frecuentemente. En la próxima clase estudiaremos una lista para ayudarnos a distinguir si lo que estamos experimentando es amor verdadero o una emoción pasajera...

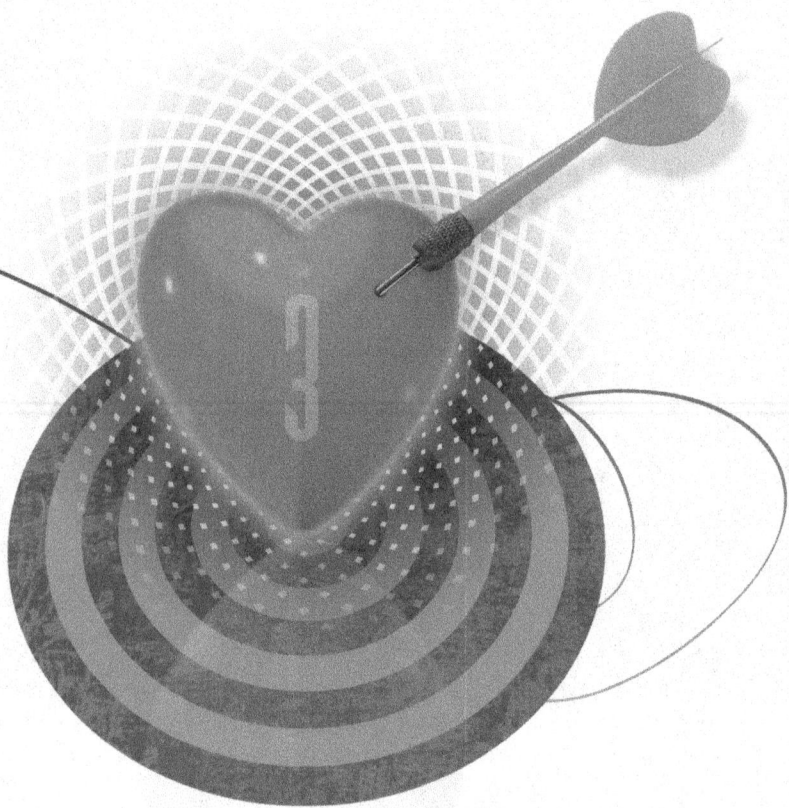

ENAMORAMIENTO VS. AMOR VERDADERO

Habían pasado unos días, y nos encontrábamos en la misma clase, llenos de expectativa aguardando la explicación. Iván tomó la palabra:

—Hablemos primero del ENAMORADO. Éste se caracteriza porque su "amor" aparece repentinamente, a primera vista... Es el clásico picaflor que se enamora de todas, ya que se deja llevar por sus sentimientos y sensaciones. Un día dice que es Graciela, a los seis meses dice que es Angélica, y luego otra. En cada ocasión dice que está plenamente seguro de que ahora sí es ella, aunque todo el mundo se da cuenta de que será sólo una más de la lista. Esta persona no está sentando una base sólida para un noviazgo, sino que todo lo basa en sus emociones. Lo malo de esto es que un día sus emociones pueden ser muy fuertes, llegando a decir: "Esta sí es el amor de mi vida", y al día siguiente puede decir: "Ya no siento nada por ella". Cuando ustedes inicien una relación, asegúrense de que el chico o la chica que los está ilusionando no esté solamente emocionado (o emocionada), ya que muy fácilmente podrían terminar con el corazón destrozado.

Luego continuó Magnolia:

—El AMOR DE VERDAD es diferente. A diferencia del ENAMORAMIENTO, EL AMOR VERDADERO VA CRECIENDO CON EL TIEMPO. No es el clásico "amor" del que al día siguiente de haberte conocido te dice que muere por ti. ¿Cómo va alguien a decirte que muere por ti al rato de haberte conocido? ¡Eso es absurdo! El amor verdadero lleva tiempo, tiempo para conocer los sueños de la otra persona, sus gustos, sus pasiones, sus anhelos, su corazón... Es con el correr del tiempo que una persona se da cuenta de que realmente ama al otro. Hollywood nos ha vendido la idea barata de que el amor sucede a primera vista. ¡Apenas se conocen, y ya son el uno para el otro! La realidad es que a primera vista podrás darte cuenta de que un chico o una chica te atraen, pero eso no es sinónimo de AMOR sino de simple atracción.

—Otra diferencia, —explicó Iván— es que en la gran mayoría de los casos el ENAMORADO quiere sexo ya. No le importa darse el tiempo para conocerte, para conquistarte, para conocer tus sueños o tus anhelos. Él se enfoca en el sexo y lo quiere ya, creyendo que éste es sinónimo de amor. Se la pasa pidiéndote siempre "la prueba de amor". Pero, ¿cuál amor, si te acaba de conocer?

—Chicas, —agregó Magnolia— si un noviecito les está pidiendo esa prueba de amor tan insistentemente, significa que él no se interesa por ustedes de manera genuina. Sólo quiere desahogar sus pasiones juveniles, ¡y la mejor prueba de amor que pueden darle es una patada!

En ese momento todos nos reímos, lo cual me ayudó a disimular que me habían dado una pedrada en la cabeza. Es que yo tenía cosas escondidas en mi interior. Cosas de las que nadie sabía. Pero estos profesores estaban empezando a describirme...

A pesar de haber crecido en un hogar donde me inculcaron principios bíblicos, morales y de una conducta sana, al llegar a la adolescencia y experimentar tantos cambios hormonales (que en ese tiempo no sabía que eran normales), se inició en mí una lucha por reprimirlos y controlarlos. Esto generó una batalla interna, y llevado por pasiones desordenadas empecé a mirar pornografía, no teniendo idea de la adicción que me causaría ni de lo que esto afectaría en mis años por venir (no solamente en mi persona sino en aquellas chicas con quienes tuve alguna relación sentimental). Eso me llevó a estar siempre buscando a toda costa el tener sexo con las chicas con las que salía. Dentro mío, pensé que realmente necesitaba pedir ayuda para ser completamente libre de esta parte de mi pasado.

Iván continuó hablando:

—EL QUE AMA DE VERDAD, por el contrario, ESTÁ DISPUESTO A ESPERAR HASTA EL MATRIMONIO. El no poder esperar hasta el matrimonio, eligiendo a cambio la gratificación inmediata, es un síntoma de inmadurez y de pasiones juveniles. El sexo dentro del matrimonio tiene de parte de Dios características especiales y puras que, enmarcadas por un verdadero amor, darán a esta experiencia su dimensión adecuada.

—Vamos ahora a ver otra diferencia —dijo Magnolia—. El ENAMORADO es voluble. La persona voluble es inconstante. Un día expresa profundos sentimientos hacia ti, y al día siguiente apenas te habla. Un día es un león, y al día siguiente es un ratón.

Y luego agregó:

—Chicas, por ser mujer puedo decirles lo siguiente: Muchas veces nosotras somos muy volubles debido a los cambios hormonales. Esto hace que en ocasiones tengamos a los chicos confundidos como locos. Un día te quiero, al día siguiente no te puedo ni ver. Ustedes deben aprender a conocer cómo funciona su cuerpo y lo fácilmente que son influidas por estos cambios hormonales, para controlar estas conductas que desestabilizan la relación.

Iván continuó la explicación:

–LA CONSISTENCIA ES UNA CARACTERÍSTICA CLAVE DEL AMOR VERDADERO. Esto hace que en la relación de noviazgo exista una seguridad de que no están jugando el uno con el otro. Ambos deben ser consistentes, pero es sobre todo el varón quien debe mantener ésta característica esencial en la relación, para compensar los altibajos que en general sufre la mujer.

Luego Magnolia volteó, miró a Iván con ojos de enamorada, y (suspirando) dijo:

—Recuerdo como si fuera ayer cuando nosotros estábamos enamorados... Las mariposas en el estómago, las manos que sudaban por los nervios, y el cerebro que no pensaba en nada más que en el amado. Estas cosas son normales, y son parte del proceso, del camino hacia el verdadero amor. Pero... (Se quedó como con la vista perdida...)

—...Pero son pasajeras —concluyó Iván—.

En eso una lluvia de manos se levantaron en el salón:

—¿Cómo que son pasajeras? —preguntó Nohelia, con su inconfundible acento Dominicano—.

—¡Yo quiero que duren toda la vida! —dijo Cassandra, una chica del norte de México—.

—¡Seguro que eso a mí no me va a pasar! —dije yo con sinceridad, y con una voz firme que apagó la voz de todos los demás—.

—Chicos, chicas, tranquilos... —dijo Iván—. Un momento, primero escuchen... La etapa de las mariposas en el estómago es algo maravilloso. Es una etapa que Dios nos regala, y en la cual vivimos muchas cosas a la vez: la intensidad de las emociones, la alegría de ser amados, la satisfacción de la conquista (ya que como hombres no hay nada como conquistar a la mujer de la cual te estás enamorando). Y hablando de esto, ¡qué tristeza que hoy día sea la mujer la que conquiste a los hombres! Los hombres hemos sido diseñados para tener una mujer a quien conquistar, ya que eso nos hace sentirnos realmente varones. Además, la Biblia nos dice que "Quien halla esposa halla la felicidad: muestras de su favor le ha dado el Señor." (Proverbios 18:22)

Luego dijo muy enfático, y desviándose premeditadamente del tema:

—Señoritas, mírenme a los ojos por favor. La Biblia dice que "El que halla esposa halla la felicidad". ¿Escucharon? "EL que halla esposa", no "LA que halla ESPOSO". Hoy en día las señoritas se la pasan buscando esposo, y de eso los hombres nos damos cuenta. El problema es que si una chica está desesperada por encontrar un hombre, al final puede terminar pensando "Éste con el que me casé no sirve para nada... yo fui la que lo tuve que conquistar y convencerlo para que fuera mi esposo."

Y a continuación se dirigió a los varones:

—Y ustedes, hombres, tomen el reto de lo que debe hacer un verdadero varón: ¡hallar a la esposa! ¡Y para hallar tienes que buscar! Es increíble para mí ver a jóvenes varones con una edad madura como para casarse y formar una familia, y que desde luego sé que no son eunucos ni se quieren quedar para forrar Biblias, pero que ven pasar chicas a través de los años y jamás se atreven a conquistarlas. ¡Luego terminan diciendo que no hay chicas para ellos! Por ejemplo, en este Instituto hay cerca de 1200 estudiantes, y más o menos el 50% son mujeres... Por lo tanto, ¡están en un lugar donde hay aproximadamente 600 señoritas interesantes a su alrededor!

Y agregó, riéndose:

—¡Varón, abre los ojos! ¡Es probable que aquí se encuentre tu futura ayuda idónea! Y con esto no estoy diciendo que andes de picaflor, sino que hablo para aquellos que dicen que no hay mujeres... Repito: ¡para hallar, hay que buscar!

Magnolia amablemente volteó a ver a Iván y le dijo:

—Que bueno que hayas mencionado esto, ya que creo que más de uno aquí necesitaba escucharlo... Pero respondiendo a las preguntas del tema del enamoramiento, no quiero causar una frustración o una duda, pero lo cierto es que el enamoramiento no perdura toda la vida. Los expertos dicen que el enamoramiento dura como máximo un año y medio. Las chispitas, las mariposas, las manos sudadas, y todas esas cosas, son parte del enamoramiento. Estas emociones son básicas y son previas al compromiso más formal que se llama AMOR INCONDICIONAL, y que es el amor verdadero. Este amor incondicional es el que mayormente se da en el contexto del matrimonio. Les repito, si no fuera por ese enamoramiento no pasaríamos al siguiente nivel que es el que durará toda una vida. LO MALO ES CUANDO ALGUIEN VIVE "ENAMORÁNDOSE", Y NO PASA NUNCA AL SIGUIENTE NIVEL. Es a eso que le llamamos "enamoramiento", al estado constante de vivir "enamorado" pero sin dar un paso más hacia el amor verdadero.

Luego Iván concretó todavía más la idea, diciéndonos:

—Cuando les pregunto a las parejas casadas "¿Por qué te enamoraste de tu cónyuge?", la mayoría de los hombres me mencionan la belleza de su esposa, su sentido del humor, su bondad, su fortaleza interna, me hablan de sus capacidades y de sus dones personales. Y las mujeres me mencionan lo atractivo que era su esposo, su personalidad, su firmeza y su carácter estable, y lo generoso, amable y servicial que era. La segunda pregunta que les hago es: "¿Qué ha sucedido en su matrimonio con todas esas cualidades que tenía su esposo o esposa cuando eran novios?" Todos, hombres y mujeres, me responden que esas cualidades desaparecieron, ya sea de repente o con el correr del tiempo. El problema es que la gente en general quiere seguir viviendo en esa primera etapa, la del enamoramiento, y no fundamentan su matrimonio en un amor incondicional.

Algunos de los alumnos nos movíamos, reacomodándonos en nuestras bancas, y otros se rascaban el cabello mostrando una expresión de desconcierto, con lo cual les hicimos saber a los maestros que no estábamos entendiendo bien estos conceptos. Yo, por mi parte, seguía con la obstinada idea de que eso nunca me pasaría a mí. ¿Cuál era el chiste de casarte tan enamorado y luego perder esta sensación en tan poco tiempo? Yo haría lo que fuera necesario para que nunca me sucediera.

Luego Iván dijo:

—Desafortunadamente, el tiempo ha terminado por hoy. Les aseguramos que en la próxima clase ampliaremos el tema de manera que lo entiendan muy bien...

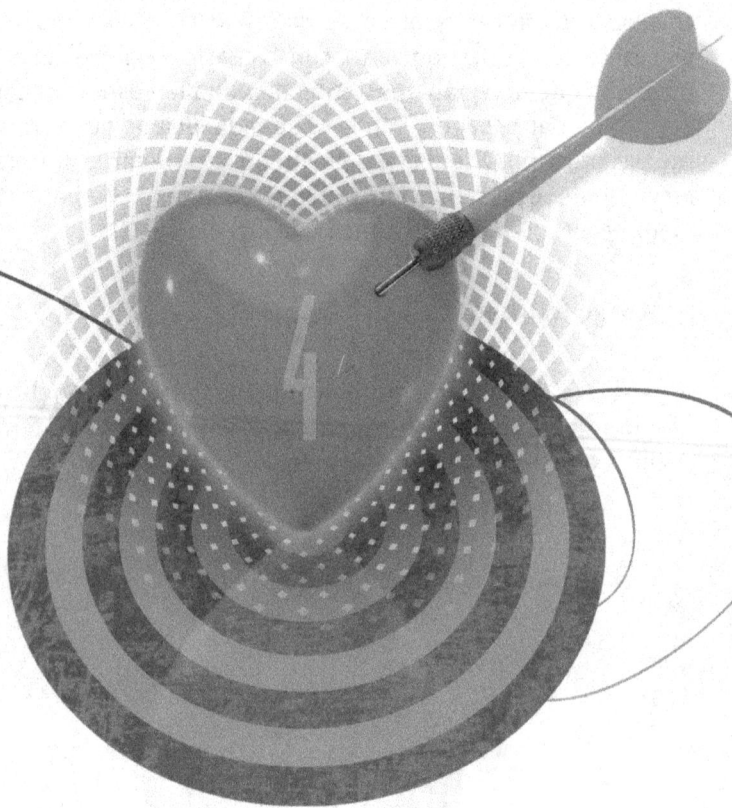

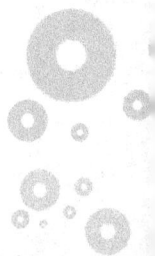

EL AMOR VERDADERO

Ya habían pasado varias semanas, y el tiempo en el Instituto volaba, entre clases, actividades, tareas, visitas a la biblioteca, y lo más entretenido del día: la hora del almuerzo en la cafetería. Este era el lugar de reunión de todos los estudiantes para poder conversar e intercambiar nuestras experiencias e ideas. La comida no era lo más importante, sino el poder hablar de lo sucedido en las aulas.

Este día no era la excepción. Yo me encontraba con mi comida ya servida buscando una mesa, cuando de repente escuché una voz que me gritaba desde lejos...

—¡Me la perdí, me la perdí!

Mi corazón dio un salto de emoción. Esa voz la podía reconocer a la distancia: era Keila (más precisamente, Keila con un tono de frustración). Le hice indicaciones con la cabeza y la mirada, mostrándole dónde había un lugar libre. De camino a la mesa me explicó agitada que no había podido asistir a clases porque había tenido que ir a tramitar unos documentos personales de suma importancia a una oficina del gobierno. Apenas habíamos dado gracias por los alimentos cuando ansiosamente me preguntó:

—¿Qué pasó en la clase de noviazgo? ¿Explicaron lo del enamoramiento? ¡Cuéntame!

—Bueno —comencé a contarle, al mismo tiempo que mordía una manzana— los maestros comenzaron la clase aclarando algunas de nuestras dudas respecto del enamoramiento. Y no dejaron de repetir esta frase: "¡Disfruten del enamoramiento al máximo! Pero pasen a la segunda etapa. El amor puede durar toda la vida en el matrimonio si es un amor verdadero."

Le conté que Iván y Magnolia habían explicado que el enamoramiento es el que hace que nos conectemos, pero que no dura toda la vida como el amor incondicional. Cuando una persona sólo se queda en la etapa del enamoramiento, lo hace porque le gusta la sensación que siente en ese momento. Pero como la realidad es que esa sensación sólo dura un periodo de tiempo, este tipo de persona brincará de una relación a otra buscando experimentar esa sensación de mariposas en el estómago, y creyendo que cuando esta sensación se va es porque en realidad esa persona no era la indicada. De esa manera, buscarán a otra persona, intentando sentir ese mismo tipo de emociones, y así pueden vivir toda la vida sin haber entendido que esa etapa (EL ENAMORAMIENTO) DEBE DESEMBOCAR EN EL AMOR VERDADERO, QUE ES EL AMOR INCONDICIONAL.

—Esto tiene lógica para mí —comenté, mirando a todos los que estaban sentados a la mesa (que ya a esa altura eran varios)— ya que yo he brincado de relación en relación y esto mismo me pasaba. Nunca antes lo había entendido, y sé que es algo que a muchos jóvenes nos sucede.

—Es cierto, ¿pero cómo terminó la clase? —dijo Keila, interesada en la conclusión del tema más que en mi comentario—.

—Iván nos dijo que el amor solamente puede durar toda la vida en un matrimonio si la pareja aprende a amar incondicionalmente. EL AMOR NO DEBE DEPENDER DE LA PERSONA QUE ES AMADA, SINO DE LA QUE DECIDE AMAR. Él nos explicó que la Biblia se refiere a esta clase de amor empleando el término griego *"ágape"*. Este tipo de amor es desinteresado e incondicional. También nos hablo de otras clases de amor...

—¡Cuéntame más!

—Bueno, existen también el amor *"fileo"*, que es el amor de la amistad, y el *"eros"*, que es el amor sexual. ¿Sabes una cosa? Yo no tenía ni idea de que existiera un tipo de amor llamado *"eros"*. **¡La verdad es que las personas conocemos muy poco acerca del amor!** —le dije a Keila, a la vez que le acercaba el salero en un movimiento automático, ya que en ese momento la comida se hacia cada vez menos importante—.

Después continué relatándole:

—Iván afirmó que tanto la amistad como el sexo ocupan un lugar importante en el matrimonio y forman una parte esencial de la relación entre esposo y esposa, pero que si tu matrimonio dependiera por completo de tener intereses en común o de disfrutar de la sexualidad, entonces los cimientos de tu relación serian inestables. Por esto es tan importante amar a tu pareja incondicionalmente, con el amor *"ágape"*

—Claro, esto tiene sentido... Así que a menos que ésta clase de amor, el amor incondicional, constituya el cimiento de tu matrimonio, el desgaste del tiempo lo destruirá. ¡Cuan agradecida estoy con Dios por el ejemplo de amor incondicional que han tenido mis padres! —dijo Keila—.

Se me vinieron a la memoria tantas enseñanzas de mi madre... Ella siempre me decía: "El amor *ágape* es un amor incondicional, que se manifiesta en la salud y en la enfermedad, en la felicidad y en adversidad". Claro que en esos tiempos yo ni caso le hacía, pero ahora sus palabras cobraban sentido para mí...

—¿Sabes, Keila? ¡Cuántas buenas enseñanzas nos dan

nuestros padres! ¡Cuántos buenos consejos nos brindan! Y pensar que nosotros a veces reaccionamos con actitudes como: "¡Ay, papá, otra vez con tus rollos! ¿Para qué me dices esas cosas? ¡Soy tan joven que todavía no necesito estos sermones!"

Como ya dije, a esta altura de la conversación no estaba solamente Keila conmigo, pues como era costumbre se habían sentado a nuestra mesa varios compañeros de clase. Y así, reflexionando juntos, uno a uno fueron relatando que en algún momento de sus vidas, de una u otra manera, habían hecho sentir mal a sus padres cuando ellos se habían tomado el tiempo para darles consejos basados en sus propias experiencias. Y todos estábamos arrepentidos de haberlo hecho.

Luego Jairo comentó qué era lo que más había impactado su corazón en esta clase. Él provenía de un hogar disfuncional, y tenía sólo unos pocos años de haber entregado su vida al Señor. Abrió un archivo en su computadora y leyó textualmente lo que había dicho Iván en clase y él había copiado:

Dios no nos ama porque lo merezcamos, sino porque Él es un padre amoroso. En 1 Juan 4:10 leemos: "En esto consiste el amor: no en que nosotros hayamos amado a Dios, sino en que él nos amó y envió a su Hijo...". Es decir que el amor de Dios es un amor que Él nos da por su cuenta. Es algo que inmerecidamente recibimos de su parte, y luego transmitimos a los demás...

—Claro —dijo Adriana, una simpática chica de Tucson— nosotros amamos porque Él nos amó primero.

Jairo continuó leyendo:

Si un hombre le dice a su esposa "Ya no estoy enamorado de ti", lo que en realidad le está diciendo es que, para empezar, nunca la había amado en forma incondicional. Su amor se apoyaba en sentimientos y circunstancias en lugar de ser un verdadero compromiso. Ese es a menudo el resultado de edificar un matrimonio sobre el amor *fileos* (amistad) o *eros* (sexualidad). Para que el matrimonio funcione, los sentimientos deben ser más profundos que una simple amistad y más fuertes que una atracción sexual. Esa es la razón por la cual muchas parejas terminan diciendo "Ya no te amo" o "Ya no siento nada por ti". A diferencia de esos otros tipos de amor, el amor incondicional *"agape"* no oscilará con el tiempo ni con las circunstancias. Y lo que es más, los aspectos de amistad y romance de tu amor se vuelven más atractivos e intensos, y son más profundos, en el amor incondicional. Cuando el disfrute mutuo como mejores amigos y amantes tiene su fundamento en un compromiso inquebrantable, entonces experimentas una intimidad que no puede lograrse si te quedas en la etapa del enamoramiento.

Luego Jairo volteó la pantalla de su computadora hacia nosotros, mostrándonos la segunda parte de la lista de diferencias entre el enamorado y el que ama de verdad, la cual habían terminado de explicarnos la última clase. Rápidamente Keila comenzó a leer en voz alta para todos los que estábamos allí reunidos:

El ENAMORADO hace énfasis en la belleza física. Él sólo mira en su amada lo hermoso de sus ojos, de su cabello, de su cuerpo, enfocándose de esta manera en lo exterior, y basando su relación única y exclusivamente en la belleza.

—Oh, no... ¿Entonces no te tiene que gustar tu pareja? —preguntó Keila deteniendo bruscamente la lectura y mirándonos a todos con ojos de descontenta—.

—No, espera, —la tranquilizó Jairo— Iván y Magnolia prometieron hablar más extensamente acerca de lo importante de la atracción física en el noviazgo en las próximas clases.

—Ah, ¡qué alivio! A mí no me gustaría casarme con alguien que no me atraiga físicamente...

(Rápidamente yo pensé: *"Bueno, al menos tengo algo a mi favor. No quiero ser presuntuoso, pero sé que soy bien parecido. No por nada en la escuela me llamaban "el rompe corazones"... ¡Quizás tenga alguna esperanza con Keila!"*)

Ella continuó leyendo en voz alta:

El que AMA DE VERDAD hace énfasis en el carácter de la persona. Es importante que prestemos atención al carácter de nuestra pareja. Éste se manifiesta en frutos como la responsabilidad, constancia, disciplina, obediencia, respeto y cortesía. Muchas veces las jovencitas se enamoran sólo de una cara bonita, pero al final resulta que se trata de un flojo de primera. O los chicos se emocionan con un cuerpo esculpido a la perfección, pero resulta que la muchacha es una irresponsable en las actividades y disciplinas diarias de la vida, como estudiar, trabajar, o tener metas y objetivos.

El que ama de verdad siempre se enfocará en, y resaltará más, el carácter de la persona que la belleza, mientras que el enamorado enfatizará en la belleza física, no importándole para nada el carácter del otro.

—¡Vaya, esto nunca lo había pensado! —dijo Keila—. Mi prima se casó con un hombre muy guapo, pero era un flojo y un mantenido. No tenía carácter para ser esposo, ni padre, ni siquiera para salir a trabajar.

—Ya ves, Keila, ¿de qué te sirve una cara bonita? Mejor alguien que lo tenga todo como yo: ¡guapo y con carácter! —dijo Jairo—.

Las risas se dejaron oír alrededor de la mesa. (Aunque yo no me reí tanto ante la posible competencia).

—Espera, espera —dijo Keila— que esto se está poniendo bueno. Déjame continuar leyendo...

EL ENAMORADO BUSCA RECIBIR

El enamorado sólo tiene dos palabras en su vocabulario: **dame** y **mío**. Busca sus propios intereses, es envidioso y egoísta, y no le interesa otra cosa de la relación mas que recibir (tiempo, obsequios, y atención).

EL QUE AMA BUSCA DAR

El que ama de verdad se preocupa por la otra persona, trata de brindarle lo mejor y busca siempre dar de su tiempo y su ayuda. Se interesa por las necesidades del otro. No busca lo suyo, sino el bien de los demás. Si hay una palabra que significa en esencia lo opuesto al amor, es el egoísmo (1 Corintios 13.5).

EL ENAMORADO SE BASA EN EL CONTACTO FISICO

En su emoción, lo único que el enamorado busca desde el inicio es lograr tener un contacto físico. Basa su relación en sus avances como caricias, besos, abrazos y roces. No le interesa saber nada del otro. Son ese tipo de personas que cuando la chica o el chico trata de platicar, de conocerse, de comunicarse, ellos sólo quieren tocar y darle rienda suelta a las hormonas.

EL QUE AMA SE BASA EN EL ALMA Y EL ESPIRITU

Esta es una base importante para la relación...

En este punto interrumpí la lectura de Keila para decirle que los profesores habían prometido que, al igual que con los preceptos de sexo, ellos desarrollarían este tema en mayor profundidad en las clases siguientes. Ella me agradeció con un movimiento de cabeza y, muy interesada en lo que estaba leyendo, continuó...

EL ENAMORADO PUEDE SENTIR ALGO SIMILAR POR MAS DE UNA PERSONA

El enamorado es capaz de tener dos o tres novias a la vez, y decir que ama a las tres por igual. Es la típica persona que tiene el corazón como un condominio. Cuando sientes "amor" por más de una persona a la vez, es una garantía de que estas dirigido por la emoción.

EL QUE AMA SIENTE AMOR POR UNA SOLA PERSONA

Esto se explica sin palabras. Creo que todos entendemos que a nadie le gusta ser "el segundo plato" del menú. Cuando amas de verdad, aunque veas que otros son guapos o que otras tienen buenos cuerpos, tienes la certeza de que eso que hay en tu corazón es sólo por una persona. Y esa persona también lo sabe.

EL ENAMORADO ES POSESIVO

El enamorado no te permite relacionarte con amigos, ni familiares, ni compañeros de trabajo, ni nada. Él (o ella) comete el gravísimo error de prohibirle a su pareja que pase tiempo con otras personas que habían sido sus amistades por años, ya que considera que su pareja es de su propiedad. De este modo, acaba ahogando y arruinando la relación.

EL QUE AMA DE VERDAD PERMITE QUE SU PAREJA SE RELACIONE CON OTROS

Confía en la persona, se interesa por su felicidad, y le da la oportunidad y la libertad para que siga desarrollando su amistad con otra gente. Reconoce que la persona con la que está noviando tiene una identidad propia y un pasado compartido con amistades y familiares, y le permite seguir fortaleciendo y disfrutando de estas sanas relaciones.

EL ENAMORADO TIENE UN CONCEPTO IDEALIZADO DE LA OTRA PERSONA

Este es un punto muy importante para resaltar, ya que el enamorado (o emocionado) piensa de la otra persona lo que en realidad no es. No ve errores ni defectos en el otro, y lo idealiza de tal manera que pareciera que es una persona perfecta. Hemos escuchado a jovencitas decir: "Estoy saliendo con el chico perfecto. No tiene defectos, es mi ideal, es lo que siempre soñé", pero lo único que podemos ver en realidad es que esa chica está ciega. Está idealizando a una persona que es de carne y hueso y que tiene defectos y errores como todas las personas, pero como está emocionada con la relación, ese sentimiento le provoca esta especie de ceguera. El enamorado no ve la realidad, mientras que ésta resulta obvia para los padres y amigos.

EL QUE AMA DE VERDAD TIENE UN CONCEPTO REALISTA DE LA OTRA PERSONA

El que ama ve los puntos buenos y malos del otro. Sabe y reconoce que la persona de la cual está enamorada tiene defectos y virtudes. No está cegado a la realidad de quien y cómo es la otra persona, sino que decide amarla de todos modos.

EL ENAMORADO HUYE DE LOS PROBLEMAS

Cuando en la relación aparecen conflictos, estrés, o situaciones difíciles de resolver, el enamorado huye. Se da la vuelta y se va. No enfrenta los problemas sino que los evita, y pone pretextos con el objetivo de retirarse, porque le es más fácil huir del problema que enfrentarlo. Además, si se siente acosado o confrontado a encarar el problema, reacciona con enojo.

EL QUE AMA DE VERDAD ENFRENTA LOS PROBLEMAS.

El que se mueve por un amor incondicional le dice a su pareja: "Lo tenemos que hablar, lo tenemos que resolver". A estas personas no les da miedo enfrentar los problemas o conflictos, ya que, aunque se trate de una situación difícil, su amor por el otro los guía a arreglar las cosas.

—¡Vaya, qué buena lista nos han dado! —dijo Keila, cerrando la pantalla de la computadora—.

—¡Ahora sí que no tenemos pretexto para saber cuándo es una emoción pasajera y cuándo es amor duradero! agregué yo—.

—La próxima vez que yo inicie una relación con una chica, voy a releer esta lista observando cada uno de los conceptos para saber si ella y yo estamos sólo enamorados o nos amamos de verdad —dijo Jairo—.

—Uuuuy... —le respondió Adriana— Es una lista muy larga la que tiene que cumplir una persona, ¿no lo crees?

—Sí, pero recuerda que la segunda decisión más importante

en nuestras vidas es con quién nos vamos a casar. ¡Entonces hay que pensarlo bien!

—Además —agregó Keila— realmente no es una lista de requisitos, sino más bien de conceptos que nos ayudarán, llegado el momento, a poder tomar la mejor decisión.

Algunos de los que estaban en la mesa comenzaron a levantarse y yo no fui la excepción, ya que aunque a todos nos hubiera gustado conversar un rato más sobre el tema, la hora del almuerzo había terminado. Tomé mis cosas e inicié la partida hacia las oficinas del Instituto. Allí era donde me habían asignado un trabajo durante las tardes...

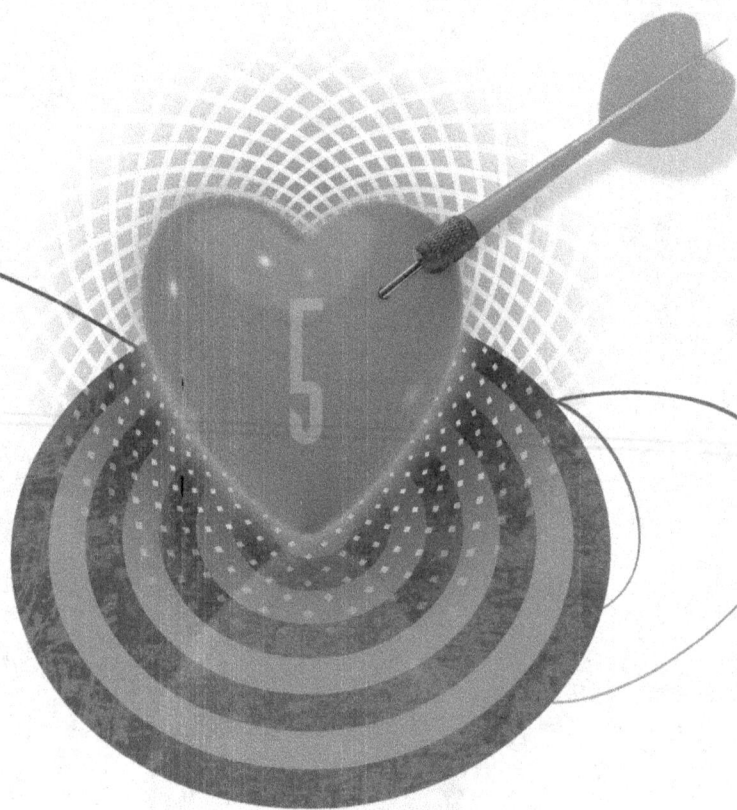
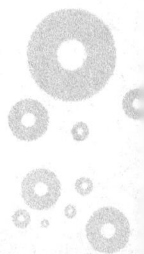

LA PERSONALIDAD ES IMPORTANTE

A medida que pasaba el tiempo, mis sentimientos hacia Keila se hacían más fuertes. Pero a la vez me daba cuenta de que en la clase los conceptos avanzaban, y yo no quería que fueran sólo conceptos, sino que quería aplicarlos a mi vida. Entonces decidí hacerme un autoexamen. Decidí evaluar si estaba simplemente enamorado (o emocionado), o si yo la amaba de verdad. Si realmente me fijaba en lo especial que era Keila para mí por su forma de ser, o si era especial por su apariencia física y su cuerpo. Si yo estaba dispuesto a esperar hasta que nos casáramos para tener relaciones sexuales o no. Decidí mirar si seríamos un yugo desigual, y también evalué si yo la amaba a ella o si estaba enamorado de la situación o simplemente del amor. Revisé si ninguna otra persona me atraería de la misma forma que Keila, o si podría haber dentro de mi lujuria incontrolada.

Mientras examinaba y examinaba lo que ocurría entre Keila y yo, pude comprobar que lo que crecía en mí era amor y no sólo emoción. Pude ver que la quería de una forma distinta a como pude haber querido antes. Vi que no había enamoramiento sino amor verdadero. Y descubrí que en ninguna manera quería yo lastimarla, porque estaba dispuesto a esperar y estaba construyendo muros de santidad para mi sexualidad. Estaba creciendo Dios en mí, y yo había decidido guardar los dichos de Dios para no pecar. La amaba de verdad.

* * *

Un nuevo día en el Instituto. Con el correr de las semanas las clases se tornaban más y más interesantes, y la materia sobre el noviazgo no era la excepción. Regresábamos del receso para escuchar nuevamente a Magnolia decir:

—Recordemos que la PAZ de Dios es lo primero. Pero, como ya dijimos, es muy difícil discernir la paz verdadera cuando los sentimientos y las emociones están involucrados. Entonces tenemos que ser prácticos.

Iván continuó:

—El espíritu y la mente no están peleados entre sí, no están "divorciados", ya que Dios nos dio ambos para que funcionen en armonía. Copien en sus cuadernos este acróstico de la **PAZ,** y en seguida lo analizaremos juntos...

P= Personalidad

A= Atracción

Z= Sueños

—Veamos: —continuó Iván— P de PERSONALIDAD. Cuando inicias una relación de noviazgo es muy importante prestar atención a este punto. La personalidad es la forma de ser, de hablar, de pensar de una persona. La etapa de noviazgo debe servir para evaluar si son *compatibles*, aunque lo mejor sería comenzar a evaluar esto *antes* de ser novios. ¿A que nos referimos? Por ejemplo, a que disfrutes platicar con esa persona. Si cuando están juntos no tienen nada que decirse, no hay temas de conversación en común, o se la pasan peleando... ¡entonces no deben seguir adelante con su noviazgo!

Magnolia interrumpió:

—Hay una gran verdad en todo esto, de la cual les pido que tomen nota: EL MATRIMONIO ES UNA MULTIPLICACIÓN DEL NOVIAZGO. TODO LO BUENO SE MULTIPLICA... PERO TAMBIÉN LO CONFLICTIVO. Algunos creen que al casarse las cosas se compondrán automáticamente, pero no sucede así.

—No quiero ser desbalanceado ni sonar autoritario, —continuó Iván— pero lo que te voy a decir tiene que ser tomado muy en cuenta para continuar o terminar con una relación: La realidad es que si tú no tienes una buena comunicación, no te llevas bien y no desarrollas una fuerte amistad durante el noviazgo, todo lo cual sería la base de una buena relación matrimonial, entonces esa persona no es para ti.

Cada aspecto que iban tratando en clase parecía tan sencillo y práctico... pero en realidad era como si me estuvieran hablando de un tema totalmente nuevo y desconocido. "¿Por qué no hay más cursos a lo largo de la vida que nos preparen para tomar mejores decisiones con el sexo opuesto?", pensaba mientras tomaba mis notas. Me había quedado claro que el tema de la personalidad era muy importante. Pero necesitaba saber más, ya que para estas alturas del semestre mi amistad con Keila era fenomenal. Pasábamos largas horas juntos, nos reíamos, y podíamos hablar de un solo tema por mucho tiempo sin aburrirnos. El tema de la atracción en este periodo de tiempo que estábamos viviendo era muy marcado. No teníamos contacto físico, pero cuando nos mirábamos, ambos sabíamos que nos gustábamos.

—Chicos —continuó Magnolia— la mejor manera de conocerse es dentro de un grupo, donde no hay tanta preocupación por impresionar y aparentar. Allí pueden pasar tiempo juntos, abriendo sus corazones, compartiendo sus gustos y conociéndose a fondo.

—Pero cuidado: —nos advirtió Iván— una cosa que perjudica

la relación y el proceso de irse conociendo cada dia más es el contacto físico adelantado...

Luego sacó de entre sus notas una carta que le había enviado una pareja que él conocía, y la leyó para todos nosotros:

Mi noviazgo con Isabel podía haberse considerado "ideal". ¡Ella era tan bella y tenía una personalidad tan hermosa! Nos gustaba estar siempre juntos, pasábamos largas horas conversando, nos reíamos, nos contábamos todas las cosas, íbamos juntos a la iglesia... y así pasaron los primeros meses de nuestro noviazgo. Hasta que un día nos encontramos solos en la sala de su casa. Ella y yo teníamos bien acordado que nunca estaríamos solos, pero sin haberlo planificado sucedió que ese día sus padres tuvieron que salir. Creímos que todo estaría bien, ya que al fin y al cabo iba a ser solo por un rato y luego regresarían. No podía pasarnos nada a nosotros que tanto amábamos a Dios. Nosotros habíamos puesto límites y reglas dentro de nuestro noviazgo.

Sentados en nuestro sillón favorito, comencé a jugar con su cabello. Nuestros cuerpos se encontraban cada vez más cerca, y sin planearlo nos besamos. Fue un beso diferente. Llevaba pasión, y fue un beso que despertó algo en nosotros que nunca antes habíamos experimentado. No pasó a más ese día, pero recuerdo que ese fue el detonador que hizo que a partir de allí nuestra relación girara alrededor del contacto físico entre nosotros. Las largas horas que solíamos pasar juntos platicando y conociéndonos, se convirtieron en tan sólo pensar cómo llegar más lejos con ella. Al principio hasta parecía un juego. Yo tocaba partes íntimas de su cuerpo y ella con una sonrisa me quitaba la mano. Pero cada vez yo lograba más. Y lo que era de esperarse sucedió. Finalmente los dos cedimos a ésta pasión que se había encendido en nosotros aquel día en la sala de su casa. Creo que no tengo que describir con detalles lo que sucedió entre nosotros...

> Hoy día estamos separados. Ella sigue en la iglesia, pero el brillo que tenía cuando la conocí ha desaparecido de su rostro. Ahora es retraída y poco amigable.
>
> ¿Y yo? Me siento frustrado, amargado, y no tengo la misma relación con Dios que tenia antes. Sé que mi vida tiene un propósito, pero no logro verlo. Y no puedo creer cómo unos segundos de pasión pudieron cambiar tan drásticamente el curso de nuestras vidas.
>
> Iván, espero que esta carta les ayude a muchos chicos a reflexionar y que puedan aprender de mi testimonio.
>
> Saludos,
> Rodolfo

Magnolia tenía mucho que aportar también. No por ser mujer desconocía estos temas, y muy seriamente nos dijo:

—Chicos, cuando una pareja comienza con las caricias y besos apasionados, no sólo están en peligro de fornicación, sino que están cortando el proceso de conocerse intelectual y emocionalmente. La relación empieza a girar sólo alrededor de lo físico, y es en este momento que se le da lugar a la pasión. Tomen nota de lo que el diccionario Larousse dice de la pasión...

> **Pasión:** Es un afecto violento y desordenado del ánimo.

—Esta es una emoción que te gobierna —continuó ella— y que no está ligada a la razón. Observen que esta definición no dice si la pasión es buena o mala. Simplemente dice que es una poderosa emoción o un estado de ánimo que tiene la capacidad de gobernarnos. Así que la pasión puede ser tanto negativa como positiva.

Jairo interrumpió para preguntar:

—¿Cómo sabremos entonces si una pasión es negativa?

—Muy buena pregunta —respondió Iván—. Y no sólo queremos tratar de explicarles cómo saber si una pasión es negativa, sino cómo evitarla cuando lo es. Pero eso tendrá que ser en el próximo encuentro...

Una vez más el tiempo de clase había concluido, y por primera vez los hombres nos veíamos distraídos al salir del salón. Todos estábamos pensando en lo que habíamos escuchado.

Jairo y yo, que solíamos caminar juntos en el campus, nos encontramos yendo hacia la cafetería, y de la nada yo le dije:

—Oye, tengo una pregunta. En la carta que nos leyeron, Rodolfo no tenía planes de fornicar. Es más, con seguridad él no se levanto ese día diciendo: "Hoy fornicaré con mi novia". Todo fue por intentar burlarse a ellos mismos, ¿no? Todo fue por sobrepasar sus límites, los límites que ellos mismos se habían impuesto. Pero quiero preguntarte algo, Jairo: ¿cómo sé yo cuando estoy cruzando esos límites?

—¿Sabes, Sergio? Tengo bien grabado en la cabeza un libro que leí acerca de los límites. Déjame que te comparta algo... En el mundo físico, los límites son fáciles de ver. Ejemplos de esto son los vallados, las señales, los muros, los cercos en los jardines, los fosos con cocodrilos, etc. Cualquiera que sea su aspecto, el mensaje que transmiten es el mismo: AQUÍ COMIENZA MI PROPIEDAD. Y el dueño de la propiedad es el responsable legal de lo que acontezca dentro de su propiedad. Ahora bien, en el mundo espiritual los limites son igual de reales, pero menos visibles.

Al ver mi cara de interés (y a la vez, de confusión) Jairo continuó explicando:

—Los límites definen a la persona. Separan *lo que soy de lo que no soy*. Un límite me muestra donde termina mi persona y comienza otra persona. Los límites nos ayudan a definir con claridad aquello que **no** corresponde a nuestra propiedad y aquello de lo que **no** somos responsables. Por ejemplo, no somos responsables por otras personas ni por lo que dicen o hacen, pero sí lo somos de nosotros mismos y de cómo actuamos. Por eso, lo que Iván y Magnolia están tratando de que entendamos es que es necesario fijarnos límites en relación al sexo opuesto y que seamos responsables, cada uno de nosotros, en saber mantener firmes esos límites, teniendo claro que si los traspasamos habrá consecuencias. Invadir la propiedad privada de otro tiene sus consecuencias. La Biblia está llena de versículos que nos advierten que si caminamos de determinada manera o en determinada dirección, tal cosa sucederá, y si caminamos de esta otra manera, esto otro sucederá. Cuando ponemos límites, debemos asumir la responsabilidad de nuestras elecciones, y hacerlas valer. Tú sabrás cuando estés cruzando los límites que te fijaste, o los de otra persona. Y también sabrás cuando alguien esté cruzando tus límites. Ten cuidado si te habías fijado cierta regla y la comienzas a olvidar o la rompes, no dándole la misma importancia que cuando te la habías fijado. Esto significa que algo anda mal. Como la carta que leyeron en clase, sobre esta pareja que se había fijado el límite de no estar a solas cuando papá y mamá no estuvieran en casa, y aun así rompieron la regla puesta por ellos mismos, lo cual les trajo tremendas consecuencias. ¡Qué pena!

—¡Vaya! —le dije a Jairo con un tono de tristeza— PARECE INCREÍBLE QUE EN CUESTIÓN DE SEGUNDOS UNO PUEDA OLVIDARSE DE LOS LÍMITES QUE ESTABLECIÓ PARA SU PROPIA PROTECCIÓN...

✳   ✳   ✳

Correr era uno de mis pasatiempos favoritos, y esa tarde fui a hacerlo a la pista del Instituto. El correr regularmente me estaba sirviendo no sólo para hacer ejercicio sino también para pensar y analizar lo que estaba oyendo en las últimas clases sobre el noviazgo. Aunque mi adicción a la pornografía había terminado, sin embargo yo batallaba muy a menudo con pensamientos derivados de tantas imágenes a las cuales había estado expuesto. Y una y otra vez me repetía: "Tienes que hablar con Iván. Él te puede ayudar." Sólo debía tomar la decisión de hacer una cita con él y pedirle ayuda. Para estos momentos, mis sentimientos hacia Keila iban creciendo. Nunca antes había sentido algo así por otra persona. Ahora entendía que esto debía ser "el amor verdadero", y anhelaba hacer bien las cosas con Keila, pero me traicionaban los pensamientos: "¿Y si algún día quiero hacer con ella lo que vi de sexo distorsionado?" El solo recordar lo que había hecho a escondidas durante tanto tiempo me hacía volver a sentir culpa y condenación. Pero entonces nuevamente me fortalecía el saber que Dios me estaba limpiando de mi pasado. ¡Yo podía ser libre de la adicción a la pornografía y otras cuestiones sexuales!

✳   ✳   ✳

Ese fin de semana fue uno de los mejores. Keila y yo pasamos largas horas platicando en los jardines del Instituto. ¡El tiempo volaba cuando estaba a su lado! Pudimos hablar de nuestras familias, de nuestro pasado y de nuestros gustos. Poco a poco

mis sentimientos se iban enlazando cada vez más con ella...
¡Que rápido llegó el domingo! La acompañé hasta la entrada del
área de dormitorios de las chicas, y nos despedimos mirándonos
como si yo me fuera a un largo viaje... Finalmente llegue a mi
cuarto, en donde me refugié en la cama, pensando en ella hasta
quedarme dormido. No cabía duda: las clases de Iván y Magnolia
se hacían cada vez más reales en mi vida.

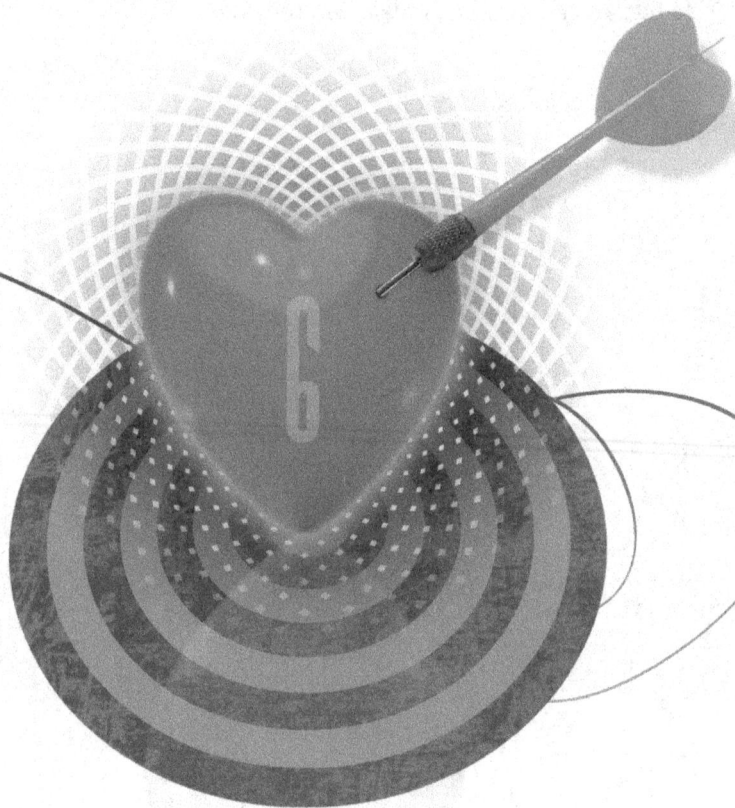

¿HASTA DÓNDE LLEGAR CON LOS BESOS Y LAS CARICIAS?

Iniciábamos una semana más de nuestras vidas en el Instituto. Al entrar al salón de clases, Keila y yo observamos que en la pantalla se encontraba escrita la palabra *LUJURIA*. Iván y Magnolia preparaban su presentación. Una vez que todos los alumnos estuvimos sentados, Iván dio comienzo a la clase:

—*"Lujuria"*, queridos alumnos, es el deseo del beneficio propio a costa de los demás. Una vez que se ha dado lugar a la pasión, ésta cruza la raya y se vuelve una emoción destructiva. Y es entonces cuando el deseo de complacer nuestras propias emociones egoístas es más fuerte que nuestro cuidado de no lastimar a otros. Es decir que lo único que la lujuria busca es satisfacer su propio deseo, sin importarle la otra persona. Sólo se enfoca en sí misma y en sus propias necesidades.

Mientras él hablaba, yo pensaba que nadie me había explicado jamás lo que significaba esta palabra. Y ahora, tomando esta clase, me daba cuenta de que mucha gente "religiosa" no se atreve a hablarnos a los jóvenes como lo necesitamos.

Luego Magnolia agregó:

—La Biblia da una instrucción, no una sugerencia, al decir: *"Por tanto, hagan morir todo lo que es propio de la naturaleza terrenal: inmoralidad sexual, impureza, bajas pasiones, malos deseos y avaricia, la cual es idolatría. Por estas cosas viene el castigo de Dios."* (Colosenses 3:5-6). Cuando surge dentro de nosotros un deseo de satisfacer la lujuria del sexo, éste intenta hacerse realidad a través de nuestro cuerpo: boca, manos, partes íntimas, u otras partes. La emoción usará al cuerpo para expresarse y satisfacerse. Copien en sus cuadernos: este es el principio o ley al respecto...

LAS PASIONES CARNALES, CUANDO NO HAN SIDO DETENIDAS,
PRODUCEN ACCIONES CARNALES.
Y LAS ACCIONES CARNALES PRODUCEN RESULTADOS CARNALES.

Yo levanté la mano y expresé mi comentario sin esperar a que se me diera la palabra:

—Lo sabemos, Iván, pero no es fácil frenarse en un momento de pasión, con esta naturaleza humana que tenemos. Y no me malentiendas, no es que esté buscando pretextos, pero confieso que en ocasiones me ha sido difícil...

—Sí, pero gracias a Dios tenemos a un ayudador que es el Espíritu Santo, que *puede* y *quiere* ayudarnos —contestó él con muchísima seguridad—.

Y luego dijo a la clase:

—Observen lo que dice la Biblia al respecto: *"porque si vivís conforme a la carne, moriréis; mas si por el Espíritu hacéis morir las obras de la carne, viviréis."* (Romanos 8:13, RVR60). Dios no solo puede, sino que quiere ayudarnos en nuestras debilidades. Mientras vivamos en este cuerpo que tenemos, siempre necesitaremos la ayuda sobrenatural del Espíritu Santo. Así es que, si tu carne comienza a flaquear por causa de tentaciones seductoras, recurre a esta escritura y dile: *"Espíritu Santo, te pido que hagas morir en mí éste deseo que se ha despertado."* Recuerden que la palabra clave aquí es hacer *morir*. No sólo duerme a la carne sino que la mata, y algo que está muerto no siente.

—Esa es la parte a la que se compromete el Espíritu Santo a ayudarnos. Es la parte difícil. Sin embargo, jóvenes y señoritas, hay algo que les toca hacer a ustedes —dijo Magnolia—, y esto es huir de las pasiones juveniles. La Biblia no nos dice *"resiste* la tentación" o *"reprende* la tentación". La Palabra de Dios dice claramente *"huye* de la tentación". ¿Escuchaste? **¡Huye!** No debes intentar "espantar" a la tentación para que desaparezca. Eres tú el que tiene que huir. ¡Corre por tu vida! Aunque no lo crean, muchos jóvenes nos han confesado que en un momento de acaloramiento con la novia salieron corriendo. Vencieron de esa manera a la tentación, y luego compartieron con nosotros la gran alegría que sintieron al saber que sí se puede.

Nos dio un segundo para digerir todo lo que estábamos escuchando, y luego prosiguió:

—Pero para no llegar a esos momentos de acaloramiento que acabamos de mencionar, existe una prevención: *"...bueno le sería al hombre no tocar mujer"* (1 Corintios 7:1, RVR60). Abróchense el cinturón, hombrecitos, que ahí les va este versículo en el original, es decir en griego. La traducción literal sería: *"Bueno le sería al hombre **no encender un fuego**".* Una vez que se enciende un fuego, es muy difícil apagarlo.

—Ahora, con todo respeto, les voy a hablar como hombre a ustedes, mujercitas —dijo Iván—. Deben saber que el cerebro del hombre opera muy distinto al de las mujeres cuando de pasiones se trata. UNA VEZ QUE UN HOMBRE HA TENIDO AVANCES FÍSICOS (CON UNA MUJER, SU CEREBRO PRÁCTICAMENTE SE DESCONECTA DEL RAZONAMIENTO. Lo único que quiere es satisfacer ese deseo que se ha encendido dentro suyo. El hombre le podrá decir todo lo que ella quiere oír, cosas como "Te amo", "Eres la única", "Nunca te voy a dejar", "Pronto nos casaremos", etc., sólo para conseguir lo que quiere en ese momento. Por eso, y con esto vuelvo a hablarle a los muchachos, hace más de dos mil años el Apóstol Pablo dijo que bueno le sería al hombre **no tocar mujer, no encender un fuego.** Hombres: ¡NO TOQUEN!

—Y eso no es todo —continuó Magnolia—. Una vez que se ha dado lugar a las caricias, éstas van subiendo de tono. Sucede que a partir de ese momento se da lugar a la ley de la progresión, que hace que cada vez queramos más, y la ley de la siembra y la cosecha, que dice que si se siembra una semilla, ésta crece y da fruto. Pero el FRUTO QUE CRECERÁ EN NOSOTROS SERÁ EL RESULTADO DE LA SEMILLA QUE HAYAMOS SEMBRADO. Si siembras semillas de placer físico, crecerán al recibir la nutrición de toques y caricias, y poco a poco esto te llevará al destino equivocado y a resultados (o frutos) no deseados.

Iván continuó la explicación:

—Veamos un ejemplo más claro: *el toque físico*. Todo comienza al tomarse de las manos. Seguramente estarán pensando: "¿Qué tiene de malo esto, que parece tan insignificante, cuando estamos hablando de sexo", ¿verdad?...

Para este momento ya otra vez había una lluvia de manos levantadas, y compañeros de clase haciendo preguntas y comentarios con tono de protesta:

—No entiendo... Pero, ¿hasta dónde entonces se puede llegar con el toque físico?

—¡Qué exageración! ¡No es para tanto!

—Pero si no tiene nada de malo...

—¡Qué aburrido un noviazgo sin besos ni caricias!

—¡Momento, momento! —tuvo que alzar la voz Iván, ya que no lo dejaban terminar lo que apenas había comenzado—. Recuerden que esta clase es para instruirlos, no para hacerlos robots. Cada uno de ustedes decidirá, llegado el momento, qué hace con su vida y con su noviazgo. Sin embargo, la satisfacción que nos quedará a nosotros es que al menos nadie que haya tomado este curso podrá decir "No lo sabía". Ahora déjenme continuar con la explicación... Sucede que la mayoría de las parejas, cuando han comenzado el proceso del contacto físico, progresan hacia otras cosas. Primero es un abracito al decir hola y adiós. Luego son los besitos, que en un principio son como de pajarito (es decir, de piquito, apenas se tocan los labios y sonrojados bajan la cabeza). Luego los abrazos ya no son tan rápidos. Son más largos y apretaditos, "sintiendo" el cuerpo del otro. Y los besos son también más largos e íntimos, de esos que hasta le tocas la garganta a tu pareja con la lengua. ¡Ya no se sabe si es beso o laparoscopía de tráquea! Y cuando menos te lo esperas, la pasión ha nacido, y una vez que ha nacido es difícil controlarla.

—Como pueden ver —continuó Magnolia—, no tiene nada de malo tomarse de la mano, abrazarse o darse besitos, ¡si son capaces de llegar sólo hasta ahí! Hay algo que las mujeres no entienden. Si acostumbras abrazar a tu novio o a un amigo de frente y bien apretado, ¿sabes lo que él siente al estar en contacto contigo? Además de sentir tus pechos, seguramente le pueden estar dando shocks eléctricos en el cerebro por el contacto tan cercano de tu cuerpo. Es por esto que los límites que ustedes se fijen deben derivarse de tener conocimiento sobre cómo operan los pensamientos de los chicos y de las chicas.

—Y por eso les volvemos a recalcar —enfatizó Iván—: No estén a solas NUNCA. Salgan a lugares públicos, a restaurantes, cafeterías, etc., donde se escojan una mesita romántica por ahí, o a un parque donde también se sienten en una banca para platicar. ¿Por qué estar en público? Porque reduce las tentaciones, y sencillamente porque NADIE FORNICA EN PÚBLICO. Grábate esto, varón: LLEGA CON TU NOVIA HASTA DONDE LLEGARÍAS SI SU PAPÁ ESTUVIERA SENTADO FRENTE A TI. Y a las chicas también puede serles útil el pensar hasta dónde llegarían si estuviera su padre observándolas.

Fue Magnolia quien cerró la clase:

—Bueno, queridos alumnos, como vemos que este tipo de temas, como hasta dónde llegar con las caricias, la virginidad, y otros temas sexuales, son importantes para ustedes, dejaremos un par de clases al final del curso para preguntas y respuestas. Y también en fechas posteriores traeremos un invitado especial, que es médico sexólogo, y así podremos preguntar en esa clase todo lo relacionado con el sexo. Nos vemos la semana entrante...

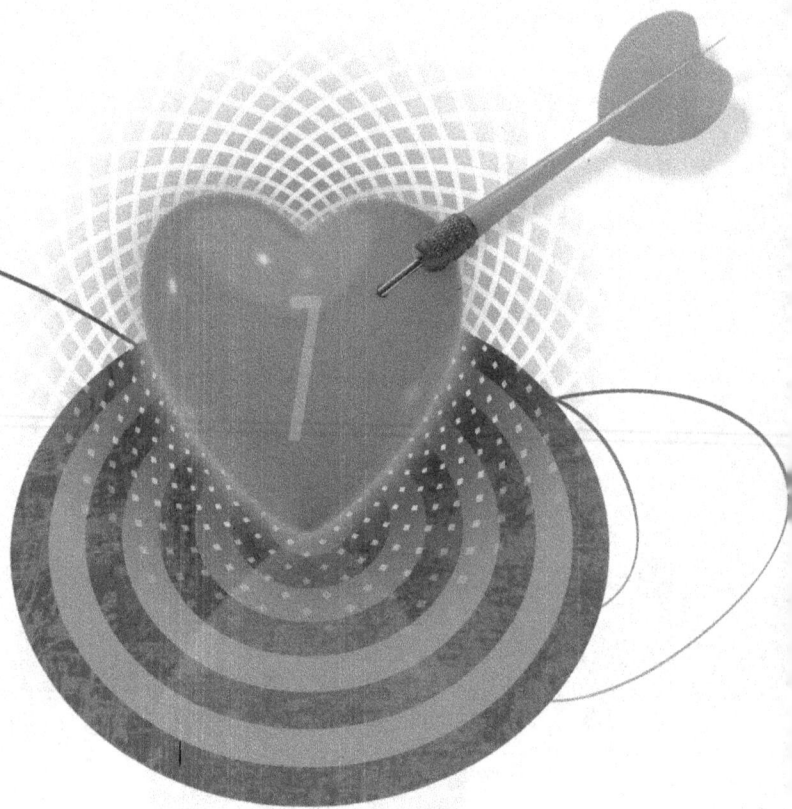

LA ATRACCIÓN Y LOS SUEÑOS

Un día mientras estaba con Keila en la cafetería de la escuela se acercaron a nosotros varios compañeros con los que teníamos una muy buena relación. Jairo y Nohelia estaban en ese grupo, y fue con ellos con quienes comenzamos a tratar un tema que de alguna manera nos resultaba preocupante. Durante el fin de semana habíamos visto una de esas series tipo "reality show", en la que mostraban a jóvenes que tenían relaciones muy cambiantes y además centradas en el contacto físico. Este era un espejo de la cultura, de lo que normalmente veíamos en la realidad.

—Si ser cristianos es vivir una contracultura, es vivir en contra a esa forma de pensamiento y de conducta —afirmó Jairo—, entonces este es un tiempo crucial para demostrar nuestra fe.

—En cada clase —dijo Keila— se nos propone algo distinto a lo que es la cultura moderna. Se nos enseña a ir en contra de lo que está "establecido". Las leyes hoy en día están cambiando a favor del pecado, y ¿saben? Creo que cada joven debe de decidir qué es lo que hará para lograr un cambio a favor de los estándares de Dios.

Mientras tanto yo pensaba en el hecho de que cada decisión que yo tomaba gracias a las clases del Instituto debía ser reforzada afuera, en "la vida real". Y cada vez más Keila era parte de la vida real. Ella me atraía, pero esto era algo en lo que yo estaba poniendo límites sanos y quería saber cuál era la forma correcta de actuar. No quería ser libertino, pero tampoco innatural.

❉   ❉   ❉

Entramos al salón, los profesores comenzaron su clase, y yo hice lo que me correspondía: me enfoqué en lo que estaba escuchando.

—La A representa la ATRACCIÓN —dijo Magnolia—. La A de la palabra "PAZ", ¿recuerdan?, era "atracción". Dios es quien creó la atracción física, y ésta debe estar presente en una relación. De ninguna manera es lo más importante, y para nada debe ser la base de la relación, pero sí debe estar en ella el ingrediente atracción. Dios no nos ha dado uno, sino dos ojos, así que la atracción es importante. Que quede claro, la persona que tú elijas debe gustarte a ti. Quizás no sea atractiva para otros, pero lo importante es que a ti te guste. Ponerte muy "religioso" y decir que no necesitas eso, es peligroso. Es necesario el equilibrio. Además, si en la juventud no te gusta tu pareja, imagina qué sucederá cuando los años pasen y las cosas empiecen a cambiar. Se va poniendo con más peso, se le va cayendo el cabello, las arrugas propias de la edad aparecen, y la celulitis y otros factores que afectan al cuerpo se hacen presentes. Si no te gustaba de joven, te gustará menos a una edad avanzada. De hecho, hay un buen número de infidelidades originadas por ésta causa. Aunque nada justifica el adulterio, por supuesto, sin embargo debes analizar todos y cada uno de éstos aspectos ya que son importantes para la relación. Piensa tú que estás pretendiendo a una señorita: ¿qué te gusta de ella? Si estás saliendo con un chico, ¿qué te atrae de él? Además, permítanme decirles a todos que es importante cuidarse físicamente. Ese error común de decir "Que me quiera como estoy", no es correcto. Si bien es cierto que Dios nos diseñó únicos y especiales, también es cierto que debemos cuidar el templo donde vive el Espíritu Santo. Hacer ejercicio para mantenerse en buen estado y en un peso balanceado es de suma importancia. Si tus dientes están desalineados y tienes la posibilidad de usar frenos, hazlo. Busca el corte de cabello que más te favorezca. En pocas palabras: CUIDA TU ASPECTO FÍSICO Y TU APARIENCIA. Dios ve el corazón, pero el hombre (o la mujer) ve el exterior. Eventualmente, con el tiempo, podrás ver el corazón de tu pareja, pero mientras vivamos en un cuerpo terrenal es importante también la apariencia exterior.

Ahora a Iván le tocaba el tema de la la Z...

—Bueno, sabemos que SUEÑOS no se escribe con Z, pero suena igual.

Yo me sonreí un poco y me enfoque nuevamente en sus palabras...

—¿A que nos referimos con *sueños*? A que tengan metas parecidas, proyectos compatibles. A que los dos tengan el anhelo de realizar cosas similares. En términos generales, a que los dos tengan la misma visión. Miren lo que dice 2 Corintios 6:14 (RVR60): "No os unáis en yugo *desigual* con los incrédulos". Noten que encontramos una orden dentro de este versículo. NO TE UNAS no es una sugerencia, sino un mandato. ¡Y cuidado, que el decir que vas a ganar a tu novio/a para Cristo no justifica la desobediencia!

—El yugo desigual —explicó Magnolia— era un término propio de la agricultura. A los bueyes que iban a jalar el arado para cultivar la tierra, se les ponía un yugo que los unía para que jalaran juntos y caminaran al mismo paso. Para que esto funcionara bien ponían animales de aproximadamente el mismo peso y tamaño, para que al jalar juntos avanzaran de manera uniforme. Si fueran de diferente tamaño jalarían desparejo, ya que uno de ellos (el más grande) jalaría más que el otro, es decir, llevaría la carga del yugo, del arado, y además de su compañero. Tristemente dentro del cristianismo también se da esta cuestión del "yugo desigual". Hay matrimonios de cristianos en la misma situación: jalando en diferentes direcciones, a diferente paso, y cargando uno de ellos a su compañero. Y la mayoría de ellos comenzaron así su noviazgo.

A continuación, Iván y Magnolia pusieron un video con el testimonio de una chica. Ella compartía lo siguiente...

"Hola, mi nombre es Rosario. Quiero darte mi testimonio esperando que te sirva a ti que quieres unirte con la persona que crees que es la ideal para tu vida. Mi noviazgo con Joaquín era muy bueno. Nos gustábamos, nos entendíamos, y él era cristiano... ¿qué más quiere una mujer que eso? Yo siempre he amado las misiones. Joaquín tiene un gran talento para los negocios y siempre ha ganado mucho dinero. En el tiempo en que estábamos tan enamorados yo pensaba que nuestros sueños serían compatibles una vez que estuviéramos casados. Yo creía que iríamos juntos a las misiones, ya que pensaba: ¿para qué es el dinero que Dios nos da, sino para la obra de Dios? Pero la verdad es que él y yo hablamos poco de este tema durante nuestro noviazgo... a pesar de que algo muy dentro mío siempre me decía que lo hablara con claridad. ¡Hoy día sé que era la voz del Espíritu Santo y yo no le hice caso! Después de un año de noviazgo nos casamos, y con el correr de los meses yo anhelaba que pudiéramos ir juntos a las misiones... pero sus negocios siempre lo mantenían ocupado. Entonces comencé a reprocharle su poco amor por Dios al no ir a las misiones. Y se lo sigo reprochando hasta el día de hoy. No me puedo quejar, ya que asistimos juntos los domingos a la iglesia, pero ocurre que sus sueños eran totalmente diferentes a los que yo tuve algún día antes de casarme... Continuamente nos peleamos por esta situación, y mi vida se ha comenzado a llenar de resentimiento, frustración y amargura. Hoy en día he perdido toda esperanza de hacer lo que tanto anhelaba dentro de mí. Sí, los dos amamos a Dios, pero yo he renunciado a mis sueños, y lo peor de todo es que hasta este momento llevamos cinco años de casados y yo no puedo imaginarme otros 5, 10, ¡30 años más de mi vida con esta frustración! Lo que me entristece es que yo sé que esos sueños los había puesto Dios en mi corazón, y por no haber hablado de ellos al inicio de mi relación con Joaquín, ahora nunca podré cumplirlos...."

La clase quedo en completo silencio cuando apagaron el video. Había una atmósfera de convicción dentro del aula. Creo que todos sabíamos que lo que habíamos oído ese día lo íbamos a recordar para siempre, y sobre todo antes de tomar la segunda decisión más importante de nuestras vidas.

Iván rompió el silencio de la clase y dijo:

—Este punto es más importante de lo que se imaginan, y si no le dan la debida importancia puede que terminen atrapados en una vida llena de amargura y resentimiento. Jóvenes, en la etapa en la que se están conociendo y enamorando no dejen de hablar de sus sueños. Sean honestos, abiertos y transparentes al respecto, ya que normalmente (y lamentablemente) en esa etapa uno está intentando quedar bien, y entonces dice que está dispuesto a todo y que está de acuerdo con todo. Pero esto cambia drásticamente en el matrimonio. En pocas palabras, lo que queremos decirle a cada uno de ustedes es: ¡Quítate la máscara con tu pareja! No le escondas nada, se tú mismo, proyecta una imagen real de lo que eres y lo que piensas y lo que anhelas para tu vida... porque tarde o temprano se va a revelar tu verdadero yo, y es mejor para todos que sea temprano.

—Chicos —continuó Magnolia— hay millones de casos de matrimonios que viven un infierno. Cientos de mujeres nos han dicho "Mi esposo cambió de la noche a la mañana". Incluso hay casos en que el mismo día de la boda el novio romántico, considerado, gentil y paciente se transforma en un esposo violento, desconsiderado y autoritario. La esposa entonces queda destrozada, y además asustada ante tamaño descubrimiento. Uno de los problemas del mundo en general es que el ser humano **aparenta ser lo que no es.** Vivimos con una máscara que cubre lo que en realidad somos. Antes de llegar al matrimonio, novios y novias deben arrancarse las máscaras y hacer a un lado las apariencias. Debieran hacerlo desde el principio, descubriendo el alma tal cual es. Existe un mito que dice que no es de hombres mostrar debilidades y que es mejor usar una máscara para esconder los verdaderos sentimientos, ¡pero esto es totalmente falso!

Yo no sabía a ciencia cierta como debería ir llevando mi relación con Keila, o si nuestros futuros estaban realmente unidos, o como deberíamos de manejar esto, pero confiaba en que Dios me guiaría por el camino que debía seguir.

Iván interrumpió mis pensamientos al continuar hablando:

—Para concluir el tema del acróstico de la PAZ y de cómo tomar una buena decisión, les aconsejamos que observen cuidadosamente la vida espiritual de la persona que les interese. Fíjense que ame a Dios con todo su corazón, y que tenga frutos.

—Y un consejo para las señoritas —dijo Magnolia—. Chicas: ¡NO SE DESESPEREN! Si crees que por vestirte de manera provocativa vas a conquistar a un muchacho, déjame decirte que lo único que vas a hacer es atraer a las chicos más carnales, a esos que andan buscando una muchacha para desahogar sus pasiones juveniles. Difícilmente vayas a conseguir un chico diferente a eso.

—Por lo tanto —resumió Iván— hemos visto tres puntos fundamentales para la toma de la segunda decision más importante de nuestras vidas: personalidad, atracción y sueños. Sabemos que Dios nos ha hecho seres tripartitos, y queremos que observen la relación con cada uno de estos puntos:

> La **personalidad** es la parte que tiene que ver con el **alma**
>
> La **atracción** es la parte que tiene que ver con el **cuerpo** y
>
> Los **sueños** son la parte que tiene que ver con el **espíritu**.

Habían terminado de explicar el principio de PAZ. Yo ya sabía que lo que estaba sintiendo por Keila era amor verdadero, porque todos los signos de la simple emoción o del simple enamoramiento estaban ausentes. Pero ahora tenía que comenzar a analizar nuestra relación a la luz de lo que estaba aprendiendo en las últimas clases.

—En la clase que sigue —dijo Iván antes de retirarnos— aprenderemos que aparte de los principios para obtener PAZ, Dios nos ha dado una importante fuente de confirmación que son nuestras autoridades.

Yo estaba ansioso porque llegara la próxima clase. El tema que abordarían Iván y Magnolia me parecía muy oportuno para el momento que estaba viviendo. ¿Qué podía notar la gente en nosotros, que nosotros mismos no pudiéramos ver? Nuestros padres y autoridades pueden en muchas ocasiones ver cosas que nosotros no podemos, pensé. Por eso el tema que estaba a punto de comenzar nos ayudaría a tener un balance correcto...

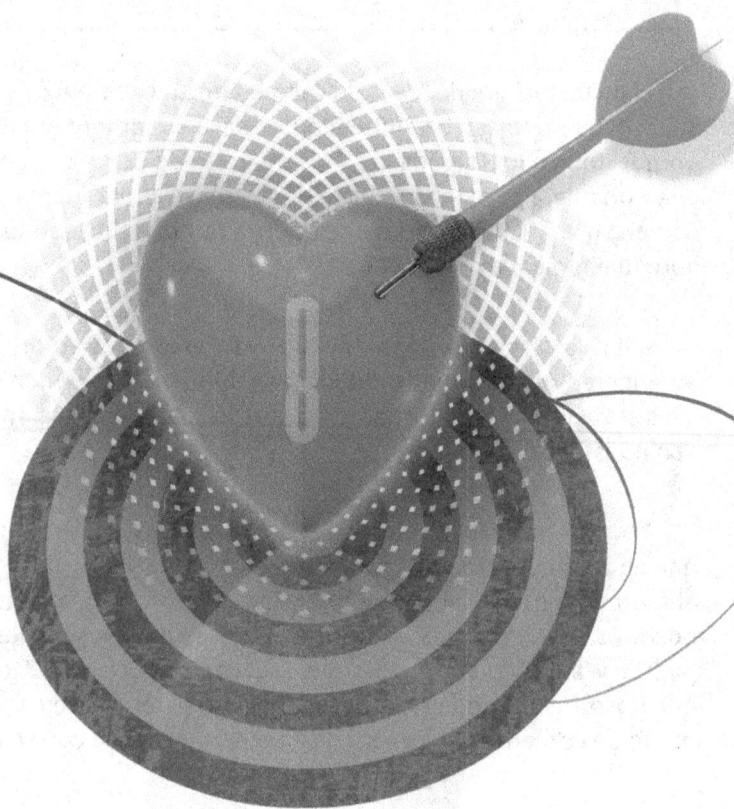

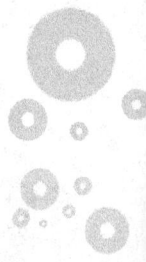

EL PAPEL DE NUESTRAS AUTORIDADES ESPIRITUALES

Mis compañeros y yo habíamos entrado al Instituto soñando grandes sueños ministeriales, pero sin imaginar el impacto que podría tener en nuestras vidas la decisión sobre con quién nos casaríamos. Sin embargo ahora ya habíamos comprendido lo importante que era esta decisión, y estábamos expectantes por ver lo que seguiría en la materia.

Mientras tanto, Keila y yo pasábamos cada vez más tiempo juntos, compartiendo pensamientos y conversando mucho acerca de lo que entendíamos luego de cada clase.

Magnolia e Iván continuaban el curso sin detenerse, ya que todos estábamos muy interesados en cada uno de los temas.

*   *   *

Entramos a la clase, y una vez que estuvimos todos sentados, Iván comenzó diciendo:

—Chicos, Dios nos ha dado una fuente de confirmación para nuestras relaciones, que son nuestras autoridades. En primer lugar nuestros padres, y en segundo lugar nuestros pastores o líderes espirituales. Aunque debo aclarar que son una fuente de confirmación, NO de revelación, pues ellos no te deben de decir con quien te vas a casar. TÚ tienes que decidir. La ayuda que ellos deben proporcionar es la de confirmarte si vas por buen camino o, por el contrario, mostrarte si están en desacuerdo. Ten abiertos tu corazón y oídos en todo momento, ya que ellos muchas veces ven cosas o situaciones que tú por estar enamorado o emocionado no ves. Obviamente hay casos en que una autoridad puede estar equivocada. No estamos diciendo que si un líder está en desacuerdo definitivamente tienes que olvidarte de la persona que has escogido, pero sí te recomendamos que hagas al menos una reevaluación. Nunca te cierres, escucha sus razones. Si eres maduro, debes tener muy en cuenta la opinión de quienes están en autoridad sobre ti.

—Hay ocasiones —continuó Magnolia— en que los padres son muy perfeccionistas, y no aceptan a nadie. Por eso no es justo decirle a alguien que no se case por puros caprichos de sus padres u otras autoridades. Si ese es tu caso algún día, tómate un tiempo de espera, busca la voluntad de Dios y síguela. Por otra parte, tampoco seas una persona floja espiritualmente, que prefiere por comodidad que las autoridades hablen a tu vida en lugar de tú buscar cuál es la voluntad de Dios. No busques que otros decidan por ti lo que tú mismo tienes que decidir. Pero, insistimos, sí es sabio escuchar a nuestros pastores, líderes, y padres.

Rosita levantó la mano y mostrando un poco de temor preguntó:

—¿Y qué si mis padres están equivocados?

Jairo dio su opinión de manera impulsiva y sin levantar la mano:

—La verdad es que los jóvenes siempre queremos oír que lo que estamos haciendo está bien. Es por eso que muchas veces no queremos pedir la opinión de nuestras autoridades en cuanto a una relación que queremos iniciar. Por temor a oír lo que no queremos oír.

—Pues bien —dijo Iván— en esta ocasión tenemos una visita con nosotros. Se trata de una jovencita que Magnolia y yo conocemos y amamos desde que era pequeña. Ella tiene ahora 19 años, y nos compartirá su propia historia...

—Hola —dijo la muchacha que hasta entonces había estado sentada a un costado de la clase—. Mi nombre es Paulina. Iván y Magnolia tienen una relación de amistad con mis papás desde hace muchos años, y ellos me conocen desde que nací. Me conocen muy bien. Podría decirse que ellos son como tíos para mi hermano y para mí. Es por eso que me han pedido que venga y les cuente una experiencia de mi vida que fue muy difícil... A los 16 años de edad conocí a un chico que me pareció atractivo y simpático. Ya saben, todo comenzó con mensajes de texto y llamadas frecuentes. Por alguna razón no lo comenté con mis papás. ¡No se por qué esto nos pasa a muchos de nosotros! Yo sentía que sólo estaba conociendo a un chico que me había parecido atractivo. Pasaron las semanas y los meses, y la realidad era que yo ya me estaba involucrando sentimentalmente, aunque no lo quería admitir. No quiero hacer esta historia larga, pero un buen día mis papás hablaron conmigo y me confrontaron. Yo les negué que me interesara este chico, pero la realidad era que me estaba engañando a mí misma. Ellos me dijeron que yo era demasiado joven como para iniciar una relación de noviazgo, y además que ese chico, por algunas cosas que ellos podían ver, no les daba paz. También me dijeron que yo me cegaba a la realidad. En fin, todo hubiera acabado bien... si yo hubiera obedecido. Pero mi mente repetía una y otra vez "¿Y qué si mis padres están equivocados?" En lugar de esto, debería haberme preguntado "¿Y qué si mis padres están en lo correcto?". Pero no lo hice. Comencé a mentir, a salir a escondidas, y, aunque nunca fuimos novios, las cosas en mi hogar se empezaron a complicar. Yo vivía con la frustración de no entender por qué ellos no tenían paz, y ellos sólo me decían O-B-E-D-E-C-E. Esta era una palabra que no me gustaba oír, pero la realidad era que cada vez que desobedecía, me iba mal. Y a veces muy mal. Hoy sé que mi historia no acabó en una tragedia gracias a Dios. Yo podría haber quedado embarazada o algo así... Pero déjenme decirles que aunque no quedara embarazada, no se trató solamente de eso. Se trató de que todo fue un caos y un desastre en mi casa. La relación con mis padres empeoró, mis estudios se fueron a pique y sobre todo mi relacion con Dios se secó y casi se pierde. Me llené de pensamientos de fracaso y esto dio lugar a espíritus de depresion, destrucción y muerte, todo debido a mis malas decisiones y a mi desobediencia. Finalmente descubrí que la OBEDIENCIA era la clave para resolver esta situación. No fue con mis propias fuerzas sino con las de Dios que corté esta relación por completo. Hoy día vivo en paz con Dios y con mis padres, y mi relación con ellos ha crecido y se ha fortalecido mucho. Ahora puedo ver las cosas claras. Dios me quitó las vendas de los ojos, y la verdad es que ahora ni yo misma puedo creer ni entender cómo fue que me aferré tan absurdamente a esa relación. Muchachos y muchachas, espero que esto les sirva a ustedes para tomar las mejores decisiones en sus propias vidas...

Magnolia le agradeció mucho a Paulina el que compartiera su historia con nosotros, y luego muchos de mis compañeros de clase se atrevieron a levantar la mano y a confesar que ellos también alguna vez habían mentido a sus padres para salirse con la suya. Luego una compañera nos contó algo que nos asombró mucho:

—Recuerdo que mi papá me decía una y otra vez que no le daba paz el chico que a mí me gustaba. Las cosas en casa eran un lío, un conflicto continuo. Yo hacía lo que fuera para verlo, hasta que un día llegaron las cosas a tal extremo que mi papá sacó un cuchillo y se lo acercó al cuello, amenazándolo de muerte. Finalmente y gracias a Dios, yo salí de esa relación. Hoy día tengo un novio al cual amo, y lo mejor de todo es que mis padres me han dado su apoyo y su bendición para esta relación.

Salí de la clase y, al igual que todos mis compañeros, pasé el resto del día pensando en lo que había escuchado y en cómo esto se relacionaba con mi propia vida...

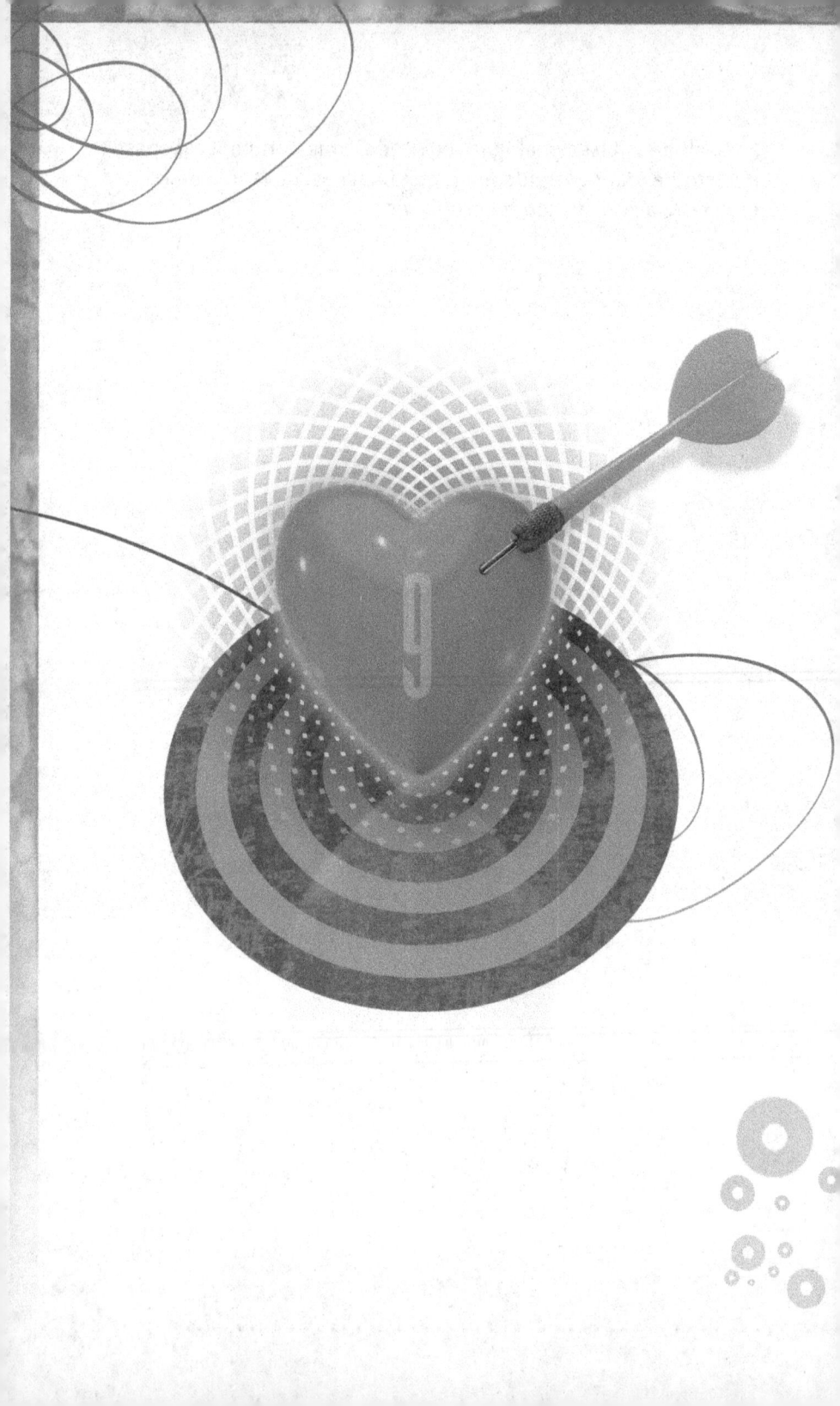

PAUTAS PARA TOMAR UNA BUENA DECISIÓN

Todos aguardábamos con ansias las clases sobre noviazgo y matrimonio. Por fin llegó la clase siguiente, e Iván comenzó con la explicación:

—Cuando un joven piensa en casarse, anhela hacer las cosas lo mejor posible. Comenzar con un fundamento sólido y edificar sobre la roca es lo mejor que puede hacer, así es que hoy les daremos algunas pautas que pueden ayudar a tomar una buena decisión. La primera pregunta que deben hacerse es: "¿ORGULLOSO O AVERGONZADO?" Es decir, ¿me siento orgulloso de él (o de ella), o por el contrario me sentiría avergonzado de presentárselo a alguien importante? Cuando alguien ama de verdad, tiene deseos de que todo mundo conozca a su amado. El verdadero amor nunca se avergüenza de la otra persona. Si notas que sientes esto, DETENTE. Piensa bien las cosas, ya que podrías estar poniendo en riesgo tu futuro.

—Mujeres —agregó Magnolia— tristemente muchas chicas se han comprometido y casado con chicos por temor a quedarse solas. ¡ERROR! Es mejor sola que mal acompañada, y además si empezaste mal es muy probable que termines mal. La Biblia nos enseña que las solteras "tienen cuidado de las cosas de Dios". Esto quiere decir que su principal objetivo debe ser agradarle a Él, pasar tiempo con Él, y no estar viendo cómo conquistar a un hombre, ni andar desesperadas buscando en uno y otro. Chicas, por favor, no tomen una decisión tan importante basadas en que "se va el tren" o en "¿qué pasa si me quedo para forrar Biblias?"

Luego Iván continuó:

—La segunda pregunta que deben hacerse es: "¿PAREJOS O DESPAREJOS?" Se dan casos en los que uno de los dos tiene menos educación y/o preparación académica que el otro. El problema es que aunque en un principio la relación pueda ser llevadera y puedas sentir cariño por la otra persona, existe una realidad ineludible: en el futuro, y en tu interior, esto puede ocasionar menosprecio por tu cónyuge, provocando infelicidad en tu matrimonio. Es decir, será muy improbable el tener una relación exitosa y feliz. Sabemos que las telenovelas fomentan mucho esto, ya que el dueño de la hacienda se casa con la sirvienta y son apasionadamente felices por siempre. Pero en la vida real no sucede así. Chicos, chicas, puede haber excepciones a la regla, pero es algo que decididamente deben considerar. No estamos hablando de racismo o discriminación. Estamos hablando de una realidad basada en las experiencias de muchas parejas que han fracasado por ese tipo de situaciones.

—Ahora bien, —continuó Magnolia— la tercera pregunta que deben hacerse es: "¿TERNURA O MALTRATOS?" Todos los que inician una relación de noviazgo deberían preguntarse: "¿Siento respeto por la persona de quien creo estar enamorado, o me tomo la libertad de maltratarla y abusar de ella?". La Biblia nos enseña que el verdadero amor es sinónimo de amabilidad y pureza, que el verdadero amor piensa en la persona en términos puros, e incluso exhorta a los hombres a que no sean ásperos con sus esposas. Si un individuo cree estar enamorado pero sólo tiene pensamientos egoístas e impuros hacia la persona que supuestamente ama, entonces es señal de que eso no es amor. Se trata solamente de una pasión. Y tú, si todavía no estás en una relación de noviazgo, ¡empieza a amarte a ti mismo en la etapa de soltero o soltera! Practica, ya que mientras tengas respeto hacia ti mismo, tendrás respeto por la otra persona también. Recordemos que el Señor Jesús nos mandó a amar a nuestro prójimo como a nosotros mismos. No más, ni menos, sino igual.

Iván la interrumpió para aclarar:

—Sabemos que lamentablemente hay quienes creen que el amor se hace a los golpes. Jóvenes, ¡no es así! El verdadero amor se puede moldear, pero CON TERNURA Y SUAVIDAD. Si en la etapa de noviazgo ya existen maltratos y falta de ternura, ¿qué podrá esperarse de cuando ya hayan pasado las mariposas de la etapa del enamoramiento? Como ya hemos mencionado anteriormente, todo lo que sucede dentro del noviazgo en el matrimonio se multiplica, por lo tanto no esperes a vivir las consecuencias que inevitablemente sufrirás si desde el noviazgo tu pareja no tiene respeto por ti. Equivocadamente, los jóvenes muchas veces piensan que una vez casados las cosas se compondrán, o que su pareja cambiará su actitud agresiva, de aspereza o de maltrato hacia ellos, pero la realidad muestra que no sucede así. Como dijimos anteriormente, todo esto se multiplicará.

Mientras continuaban la clase con ejemplos, yo comenzaba a ver que mi ignorancia era muy grande. Habían pasado muchas semanas de clase y yo en el fondo aún pensaba que podría llevar adelante una relación con lo que había visto en televisión, ya que me creía un hombre con conocimientos suficientes. Pero no. Ahora me estaba dando cuenta de que las cosas no era tan fáciles, y de que realmente había muchas cuestiones que debíamos tener en consideración para ser felices en el matrimonio. Reflexioné sobre que ES SUMAMENTE TONTO PENSAR QUE YA LO SABEMOS TODO.

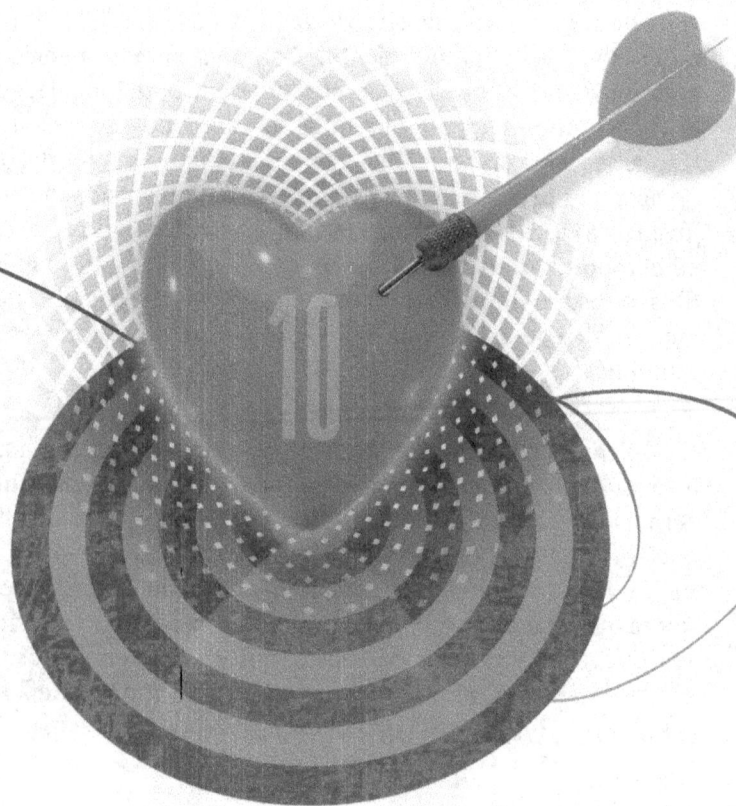

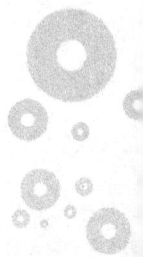

LA CUESTIÓN DE LOS CELOS

El siguiente punto que tocaron Iván y Magnolia era un tema que nos inquietaba, al menos a algunos de nosotros. Jairo, por ejemplo, estaba teniendo problemas al ver que nuestra amiga Nohelia, de quien había empezado a enamorarse, estaba siendo frecuentada en los recesos por un muchacho de tercer año (que era un tanto raro y pedante para ser honestos).

—Jairo —le dije un día— ¿por qué siempre que están ellos juntos te pones así? No está pasando nada, sólo son compañeros de instituto. Lo mejor que podrías hacer es acercarte a ellos. No sabes aún con certeza qué ocurre allí.

—¡Sergio! —me contestó un poco molesto— Es obvio lo que ocurre... Le gusta, y la está tratando de conquistar. He pasado por esto antes, y sé qué es lo que busca un hombre cuando mira así a una muchacha. No es que sólo busca su amistad y nada más.

Ese día Jairo y yo preferimos dejar la conversación allí. Pero unos días más tarde, al entrar a la clase encontramos escrito en el pizarrón un título que nos saltaba a la vista a los dos. Y al verlo no pudimos evitar mirarnos. Los celos de Jairo estaban creciendo y eran evidentes ante todos. No eran algo sano, y creo que mucho de esto se aclaró en él al escuchar la primera frase que ese día dijo Iván:

—"¿CELOS O SOSPECHAS?" es la pregunta que nos toca analizar hoy. Los celos no provienen de Dios, chicos. Hay pasajes de las Escrituras que nos mencionan que "donde hay celos y contención, allí hay perturbación y toda obra perversa." (Santiago 3:16, RVR6o). Un noviazgo perturbado por los celos nunca será de bendición. Pero, ¿qué significa esto exactamente? Cuando la Biblia se refiere a "perturbación" y "toda obra perversa" está hablando de las personas con una relación de noviazgo de tipo destructivo, que asfixian, acosan, restan movilidad, tiempo, libertad, obstruyen y dificultan estudios, trabajos, deportes, relaciones familiares y amistades. Un novio "perturbado" le hablará por teléfono a su pareja a todas horas, querrá verla desde temprano y procurará despedirse ya entrada la noche. Además habrá celos, amenazas y manipulaciones. Un noviazgo bajo la influencia de celos y sospechas es siempre destructivo, desmotiva, crea conflictos emocionales y quita la paz interior.

Magnolia agregó:

—Es verdad que los novios y los esposos quieren estar juntos, pero si tienen que justificar ante el otro cada momento que han estado separados, esto es un indicador de que hay falta de confianza mutua. Si esto ocurre es que algo anda mal en el noviazgo. No continúes con la relación hasta haber tratado el problema de raíz, con mentores, consejeros o pastores. Por favor no pienses que una vez casados este problema desaparecerá automáticamente, porque no lo hará hasta que no lo hayan tratado apropiadamente. Es muy probable que la persona que batalla con los celos tenga alguna raíz de rechazo o de inseguridad, y esto también está relacionado con el egoísmo. Hay que ser cuidadosos porque desde la etapa del noviazgo se establece el fundamento de la relación de confianza y fidelidad hacia la otra persona.

Jairo corrió para alcanzarme al terminar la clase...

—Sergio, eres el único con el que tengo la suficiente

confianza. Necesito confesarte que hoy en la clase Dios me mostró mi corazón. Sé que batallo con los celos, y no los quiero. Sufro con esto dentro de mí, quiero ser libre, y quiero ser un hombre que cuando se case no esté cargando con ésta clase de cosas.

—Bueno, no me considero un experto en el tema, así es que pienso que sería mejor que fuéramos con Iván. Sé que él nos puede ayudar.

—¡No! —dijo Jairo atemorizado— ¡Qué vergüenza contarle a él mis debilidades!

—Vamos, él es "de carne y hueso y un pedazo de pescuezo" igual que tú y yo, —le dije para persuadirlo—.

Así fue que rápidamente nos acercamos a Iván, en el momento en que cerraba su computadora para salir hacia su próxima clase.

—¿Podemos hablar? —dijo Jairo con la voz entrecortada—.

—Por supuesto. ¿Qué pasa?

—Bueno, es que no sé cómo expresarlo...

Con una mirada le hice señas a Jairo para que se animara, y al mismo tiempo les pedí que me disculparan, ya que quería que fuera un tiempo a solas entre ellos dos. Aunque para ser honestos, sólo me hice dos pasos para atrás para esperar a Jairo, así es que "sin querer queriendo" escuché toda la conversación...

—La realidad —dijo Jairo— es que batallo con celos y nunca se lo he dicho a nadie.

Iván sonrió como si esto no le hubiera sorprendido en lo más mínimo, y le dijo:

—Los celos son uno de los impulsos más fuertes que conoce el hombre. La palabra *celos* proviene del latín *zelus*, que significa "arder en fuego intenso". Las Escrituras dicen con claridad: "Cruel es el furor e inundación la ira; pero ¿quién se mantendrá ante los celos?" (Proverbios 27:4, LBLA). De hecho, hay dos formas de celos: los celos *ilegítimos*, que tienen su fundamento en el amor, y los celos *ilegítimos*, que tienen su fundamento en la envidia. Los celos *legítimos* son los que se despiertan cuando alguien a quien amas y que te pertenece aleja su corazón y te reemplaza con otra persona. La Biblia dice que Dios tiene esta clase de celo por nosotros. Él nos ama profundamente y anhela ser el número uno para nosotros. Fíjate que las Escrituras dicen: "el Señor vuestro Dios es fuego consumidor, un Dios celoso." (Deuteronomio 4:24, LBLA). Ahora bien, esta es la clase de celos que sería ideal que todos tuviéramos. Pero la realidad es que muchos batallamos con los celos *ilegítimos*. Estos son los que surgen cuando alguien más es promovido en el trabajo en lugar de ser tú al que promueven, o cuando la chica que te gusta (aunque no es tu novia, y tal vez ni siquiera sabe de tu amor) está enamorada de otro hombre. Son los celos que se disparan cuando a alguien más lo halagan, lo reconocen, o lo promueven, y pueden ser sumamente dolorosos o no tanto, dependiendo de tu nivel de egoísmo. En lugar de felicitar a la otra persona, estás que echas chispas y piensas mal de ella. Y si no tienes cuidado los celos se meten como una víbora en tu corazón, y pueden envenenarte y evitar así que tengas la vida de amor que Dios diseñó para ti.

—¿Y cómo hago para salir de esto, para romper esto en mí? ¡Yo no quiero sentirme así! —dijo Jairo desesperado—.

—Vas por buen camino. Comenzaste con la confesión. Ahora que los has sacado de la oscuridad a la luz, van a ir perdiendo su poder en ti. ¡Así funciona en el campo espiritual la confesion del pecado! Sin embargo, hay cosas prácticas que tendrás que hacer...

—¡Lo que sea, haré lo que sea! —exclamó Jairo apretando sus manos y expresando un desesperado deseo de ser libre.

—Bueno, —le explicó Jairo— pídele a Dios que te llene con su amor, y cada vez que se te presente una ocasión en la que sientas que los celos te están invadiendo, di en voz audible "Yo ato en el nombre de Jesús a este sentimiento de celos. No permito que me gobierne. No soy dominado por él, sino que declaro que soy gobernado por el Espíritu Santo y movido por el amor de Dios." Y otra cosa práctica que puedes hacer es ir con esa persona y felicitarla por su éxito. Expresárselo y verdaderamente alegrarte con ella por lo que tiene o por lo que ha hecho. Eso irá contrarrestando y matando los celos. ¡No tienes idea de lo efectivo que es!

—Gracias, Iván. No sabes lo agradecido que estoy contigo. Primeramente por escucharme y por no criticar mis debilidades. Y luego por tus consejos.

—Eres muy valiente al confesar lo que te sucede, Jairo. El Señor te ayudará a salir de este problema. Y veles diciendo a tus compañeros que la próxima clase veremos unas estadísticas sobre violencia familiar. De hecho, mucha de esa violencia se deriva de los celos.

—Gracias nuevamente, Iván —dijo Jairo—. Les pasaré tu aviso a mis compañeros. ¡Nos vemos!

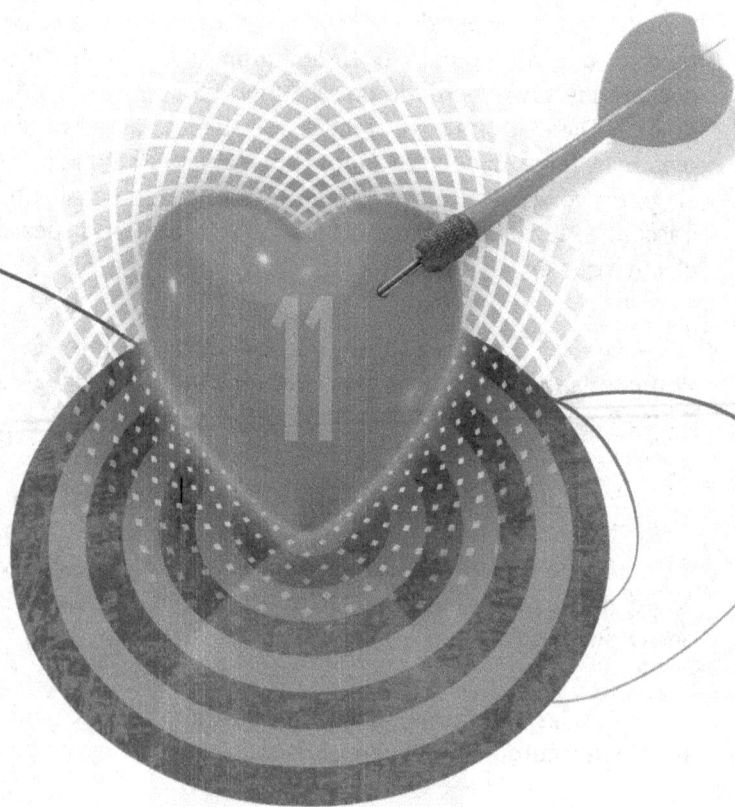

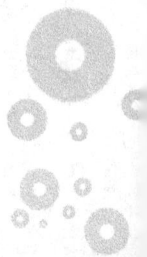

CAPÍTULO II

LA VIOLENCIA EN EL NOVIAZGO Y EN EL MATRIMONIO

Había pasado el fin de semana, y gracias al aviso de Jairo todos estábamos puntuales en el salón y expectantes por que comenzara la clase. Pronto llegaron Magnolia e Iván. Sin esperar un segundo proyectaron las estadísticas, las cuales nos sorprendieron muchísimo aunque varios viniéramos de Latinoamérica...

ROMPIENDO EL SILENCIO:

En el mundo hay entre tres y cuatro millones de mujeres golpeadas.

Una de cada seis mujeres en los países industrializados son víctimas de violación.

Entre el 25% y el 50% de las mujeres de todo México ha experimentado, en mayor o menor grado, violencia doméstica durante el matrimonio.

El 85% de los casos de violencia reportados en México cada año son agresiones contra una mujer. Es decir que nueve de cada diez personas que son agredidas y que denuncian los actos de violencia son del sexo femenino.

De las mujeres atacadas, 7 de cada 10 fueron agredidas por su cónyuge o excónyuge.

En la India, cada 12 horas muere una mujer quemada por su marido. Éste la rocía con kerosene (que es un líquido transparente y muy inflamable) y le prende fuego como a una antorcha. Después él denuncia el hecho como un acto suicida. ¿El motivo? Casi siempre es que la dote que le dieron a la novia no fue suficiente. Así, matándola, puede ir a buscar otra mujer con otra dote, con lo que resolverá por algunos años más su pobreza.

En los Estados Unidos las estadísticas muestran que el 95% de las personas que son víctimas de violencia o abuso son mujeres.

Casi cuatro millones de mujeres norteamericanas fueron abusadas físicamente por sus esposos o novios.

En la edad media (467-1450 D.C.) se creía que los hombres debían golpear a sus esposas, y que además la mujer debía besar la vara que la hería.

Las estadísticas pasaron ta rápido que apenas lográbamos digerir un poco de lo que ocurría en la clase. El tema nos provocaba a querer saber más cada vez. A estas alturas del semestre ya me había quedado claro que EL PREPARARSE PARA LOS CAMINOS DE DIOS VA MUCHO MÁS ALLÁ DE SÓLO SABER TEOLOGÍA. ¡Cuánto se necesita que nos preparen en los ámbitos de la familia, el matrimonio y la vida real! ¡Con razón hay tantos divorcios! Es por la falta de conocimiento que muchas familias perecen...

Iván y Magnolia continuaron, poniendo lo siguiente en la pantalla...

¿Qué es la VIOLENCIA?

El diccionario la define como "Obligar de cualquier manera a una persona a que haga algo en contra de su voluntad".

¿Qué es el ABUSO?

Aprovecharse de la debilidad o de la ignorancia de otro.

Aprovecharse de una persona de menor experiencia o fuerza.

Hablamos de ABUSO DOMÉSTICO o VIOLENCIA DOMESTICA cuando el blanco del abusador es la esposa, novia o pareja, y/o los hijos.

TIPOS DE ABUSO:

1) Abuso emocional o verbal
2) Abuso físico
3) Abuso sexual
4) Abuso espiritual
5) Abuso de confianza

Luego continuaron explicando los primeros tres tipos de abuso, ya que eran los que más comúnmente ocurren dentro del noviazgo y el matrimonio:

1) Abuso emocional o verbal:

Se manifiesta a través de gritos, amenazas, humillaciones o sobrenombres avergonzantes, a través de lenguaje obsceno u ofensivo, burla, silencio, intimidación, etc.

Ejemplos:
"¡Te voy a dejar si no haces lo que yo te digo!"
"¡Cuidado con comentarle a alguien lo que pasa entre nosotros!"
"¡Si no me obedeces te va a ir muy mal!"
"¡Te voy a quitar a los niños si llamas a la policía!"

También son ejemplos el exceso de celos posesivos, los berrinches temperamentales ("Si me dejas me mato"), el controlar las llamadas telefónicas, no permitirle al otro trabajar, y hacer visitas o llamadas inesperadas.

¿Cuál es el peligro de este tipo de abuso?

Este tipo de abuso DESTRUYE LA AUTOESTIMA de una persona mediante la crítica, el desprecio y el abandono emocional. Y la AUTOESTIMA es LA COLUMNA QUE SOSTIENE Y MUEVE EL INTERÉS DE UNA PERSONA.

Estas personas que buscan mantener el control de su pareja de un modo CRUEL, CRÍTICO E INSULTANTE hacen **polvo** la **autoestima** de su pareja. Pueden ir aniquilando poco a poco la autoestima hasta de la más segura de las personas.

La persona maltratadora no asume su responsabilidad, ni le importa su pareja, y en muchas ocasiones se justifica echándole la culpa a la otra persona de sus propias reacciones.

Las víctimas de este tipo de abuso por lo general continúan sufriendo calladamente durante mucho tiempo.

2) Abuso físico:

Este tipo de abuso se caracteriza por los golpes. Desde bofetadas hasta golpes en la cabeza, incluyendo romper los labios, pisotear, jalar, quemaduras de plancha o de cigarro. Incluso muchas veces se llega a casos de golpes fuertes y aún al asesinato.

3) Abuso sexual:

Su característica principal es la falta de respeto, esto es, hacer uso de la fuerza e ir en contra de la voluntad de una persona en lo relativo a la sexualidad. Incluye desde el manoseo hasta la práctica sexual o la violación.

—Queridos estudiantes —dijo Iván—, yo mismo he sido testigo de varios casos de parejas que se han ido a pique porque las señoritas, a pesar de haber detectado un comportamiento agresivo en la etapa de noviazgo, decidieron soportarlo en silencio creyendo que esta conducta se compondría algún día, ya en el matrimonio.

—Por favor, no se confundan —concluyó Magnolia—. Este es otro de los aspectos en los que el matrimonio multiplica lo que se dio en el noviazgo. Así que tengan mucho cuidado, ya que son cuestiones graves y hasta peligrosas físicamente. Piensen en todo lo que están aprendiendo, y nos vemos la clase que viene...

*   *   *

La relación entre Keila y yo avanzaba con calma. Era algo "sano", en nada nocivo para ninguno de los dos. Claramente nos habíamos podido unir más a Dios durante nuestro tiempo de amistad, y no habíamos cambiado las cosas importantes sólo para estar juntos siempre como hacen algunos novios. Además, nos manteníamos conscientes de que los límites eran algo básico que no queríamos romper.

Un día (¡y como para hacer mas interesantes las cosas!) Keila me comentó que sus padres vendrían a visitarla el fin de semana que se aproximaba, ya que resultaba ser uno muy largo pues el lunes siguiente era un día festivo. Yo estaba feliz de poder conocerlos, pero ellos no lo estaban tanto de conocerme a mí. Keila les había hablado de cierto chico que le gustaba y con quien estaría próxima a comenzar una relación de noviazgo. Y esto, creo yo, fue lo que desató cierto temor en ellos...

Cuando llegaron al campus yo me dirigí a la entrada para ayudarles y así causarles una buena impresión. Pero sinceramente no me esperaba lo que iba a encontrarme. No eran solo sus padres los que habían llegado. Keila me había contado de un "hermanito" que era un poco mayor que ella, lo cual no me preocupaba (o bueno, por lo menos hasta ese día). ¡Pero el tipo parecía HULK! Además, el padre de Keila era un hombre grande que apenas me dio la mano, y su madre con mucha formalidad me dijo: "Tú debes ser Sergio..." Yo sólo pude balbucear: "Bueno, sí, es decir, sí..."

En el trato que pude tener con ellos en esos días, fueron cortantes y difíciles. Keila mostraba una sonrisa nerviosa, y su cara daba a entender que quería que el tiempo pasara rápido. Yo por mi parte quería correr, o por lo menos caer inconsciente en el suelo, pero me mantuve de pie y simplemente decidí no hablar mucho

La familia de Keila no había recibido una buena impresión sobre mí, y yo simplemente no sabía qué hacer. El último día que ellos pensaban estar en el campus decidí invitarlos a comer a un lugar muy bonito y, para sorpresa mía (y no sé si por presión de Keila), ellos aceptaron. Fuimos a comer comida italiana. Aquel día constaté que si bien su hermano no era Hulk, su estómago sí era el del superhéroe verde. Sus padres permanecieron muy serios, Keila y yo no hablamos nada por nervios, y la cena se hizo muy corta. Luego nos despedimos.

El día siguiente a la partida de los padres de Keila me la pasé recordando las clases y lo importantes que son nuestras autoridades espirituales en una relación de noviazgo. Las cosas no se veían nada bien...

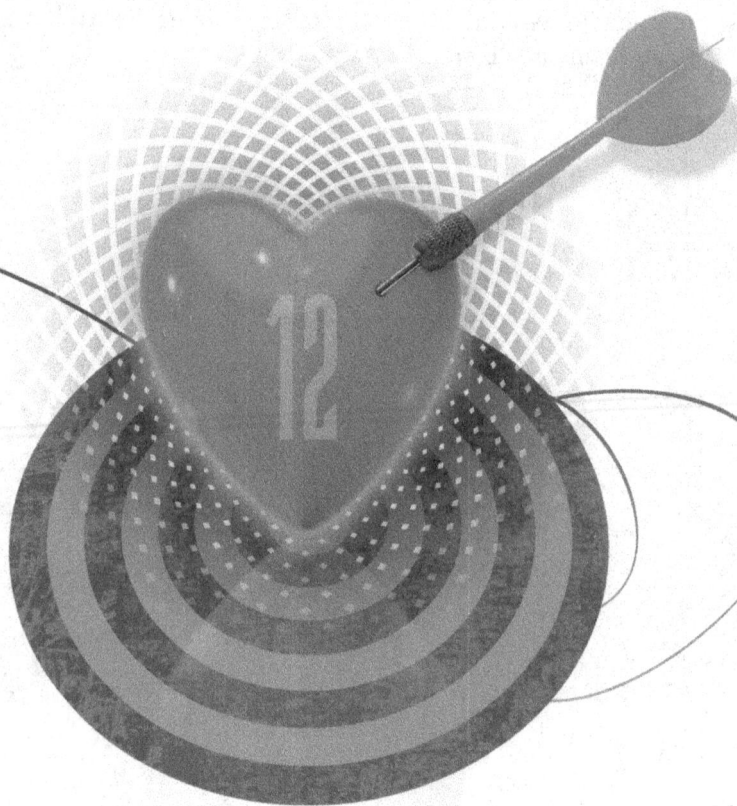

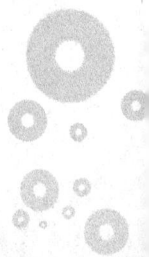

¿CÓMO SÉ SI ESTOY LISTO PARA INICIAR UNA RELACIÓN AMOROSA?

Nos encontrábamos pasadas las dos terceras partes del semestre, y las clases de noviazgo y matrimonio continuaban los días martes y jueves de cada semana.

—Sabemos que estás en una nueva etapa de tu vida. Sientes esa atracción por el sexo opuesto que no estaba ahí cuando tenías 7 años. Pero sólo por el hecho de tener ESTE DESEO NO SIGNIFICA QUE ESTÉS PREPARADO O QUE SEA EL TIEMPO APROPIADO PARA INICIAR UNA RELACIÓN AMOROSA —afirmó Magnolia al comenzar la clase—.

—El navegar a través del complicado mundo de la relación chico-chica es como aprender a volar un jet —continuó Iván—. Necesitas mucha **instrucción, preparación y madurez.** Aquí te daremos 4 indicadores que te mostrarán si es que quizás deberías esperar un tiempo antes de arrancar los motores. Copien en sus cuadernos:

Debes esperar un tiempo antes de ponerte de novio/a...

1- si tus padres piensan que eres demasiado joven

A menos que tengas 35 años y un papá y una mamá que no te quieren soltar, ESCUCHALOS. Ellos ya transitaron el camino que tú estás recorriendo ahora, y créeme que aunque tú puedas pensar que ellos no entienden nada, SÍ QUE ENTIENDEN.

2- si tienes un problema con la lujuria

Si batallas con la pornografía y con la falta de control de tus pensamientos, conquista primero esta esfera. "Huye (...) de las pasiones juveniles." (2 Timoteo 2.22).

3- si Dios no es lo primero en tu vida y en tus prioridades

Sólo un fuerte compromiso con el Señor puede ser la base para cualquier buena relación.

4- si crees que las citas amorosas al final te harán sentir bien y satisfecho

La gente no es la respuesta. Si buscas que otros sean tu esperanza y plenitud, es muy probable que pronto se conviertan en parte de tus problemas. Sólo Jesús es capaz de llenarte de amor y de eliminar cualquier vacío que sientas en tu interior.

Yo copié todo con detalle para poder releerlo más tarde en la tranquilidad de mi cuarto. Así es que esa misma tarde me senté en la cama, y después de leer mis notas y de orar un poco, llamé a mis padres para que me aconsejaran.

Mi madre, a quien desde hacía un tiempo yo tenía al tanto todo cuanto pasaba, no tardó en calmarme al decirme una frase que me cambió el panorama. Me dijo: "Dios tiene tu causa en sus manos, y tu causa es su causa."

Colgamos el teléfono y pensé mucho en eso. Yo tenía que confiar en que Dios haría lo que fuera mejor para todos. Pero muchas cosas estaban en juego. Esta tal vez sería la primera mujer que yo amaría realmente. Todo me daba vueltas en la cabeza, pero me determiné a pensar que mi vida era una de las causas de Dios, y que estaba en sus manos.

Regresé a mis notas y examiné un poco más la situación. Me saltaba a la vista la posibilidad de que a los padres de Keila les pareciera que aún éramos demasiado jóvenes, ya que ambos teníamos tan sólo 20 años. Comencé a ponerme algo nervioso. "Realmente creo que la amo", pensaba yo. "No me puedo quedar quieto. ¿Y qué si la pierdo? ¿Es nuestra edad algo que pueda poner un STOP a todo?"

En eso sonó el teléfono. Era Keila. Su tono de voz no era alterado ni triste. Sólo me invitó a tomar algo en la cafetería de la escuela. ¡Yo estaba desesperado por hablar con ella, ya que no habíamos hablado más de 15 minutos en los últimos tres días!

—Mis padres han tenido una charla seria conmigo —me dijo ni bien nos sentamos—.

—¡¿Y qué dijeron?! —pregunté preocupado—.

—Están muy bien, y les pareciste un buen chico...

—Pero, ¿qué opinan de nosotros?

—Ellos piensan que todo debería marchar con calma, y estarán nuevamente de visita muy pronto. No aludieron a mi edad ni a la tuya, pero sí a las circunstancias. Creen que el tiempo de estudio debe ser, más que para cualquier otra cosa, para estudiar. Mi madre me dijo que era algo difícil aceptar la posibilidad de que su hija hubiera decidido comenzar una relación en su ausencia, pero también me dijo que estaba feliz porque veía que yo estaba en paz y en un ambiente sano.

—¡Te dije que lo notarían! —dije prontamente—.

Ella asintió entre risas.

—Me parece muy bueno lo que dicen tus padres —le dije—.

—Creo lo mismo —dijo Keila—. No mostraron ninguna negativa ante nuestra amistad, y dieron su visto bueno a una relación que siga los principios que aprendimos. ¡Se los conté todos! —dijo ella, siempre alegre—. Estarán aquí para la Navidad por una conferencia, justo una semana antes de que terminemos las clases. Mi madre me pidió que la mantuviera informada. No quiere perderse nada, al igual que mi papá. Creo que debí contarles un poco más de ti. Pude ver tu cara durante todo el tiempo que estuviste cerca...

—¡Sí, sólo podía sonreír e intentar no desmayarme!

Ese día no hicimos más que reírnos y hablar, como siempre, de infinidad de cosas. Parecía que se estaba haciendo la voluntad de Dios en nuestra relación. Aunque todavía faltaba mucho...

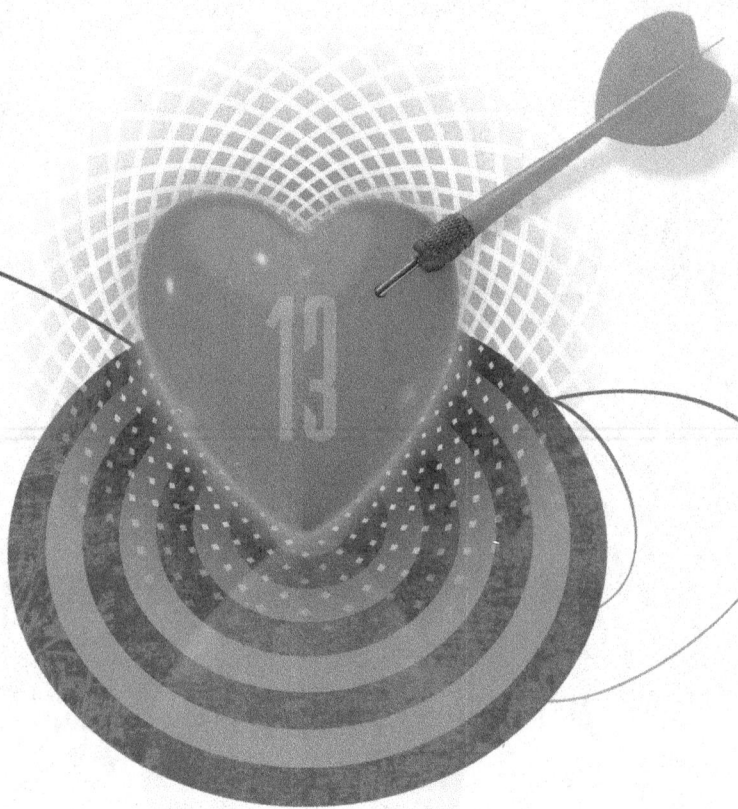

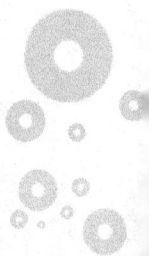

SEXO: HASTA CUÁNDO Y POR QUÉ ESPERAR

Después de un tiempo logré convencerme a mí mismo y concertar una cita con Iván. Algo dentro mío me decía que tenía que tratar con los problemas de sexualidad y pornografía de mi pasado, pues lo único que había ahora en mi corazón era hacer las cosas conforme al corazon de Dios. Me era imposible pasar por alto todas las enseñanzas recibidas en las clases del instituto. A través de Magnolia e Iván, Dios había puesto "el dedo en la llaga", porque Él quería sanar totalmente mi corazón.

Era la hora acordada. Me encontraba en la puerta de la oficina de Iván. Me sudaban las manos y el nerviosismo me inundaba. Una cosa era haberlo confesado solo ante Dios, y otra muy distinta era estar dispuesto, como estaba en esta ocasión, a confesarlo delante de alguien más. Me agobiaban los pensamientos... ¿Y si lo defraudo? ¿Y si piensa mal de mí? ¿Y si ya no me ve igual que antes? Bueno, yo igualmente estaba resuelto a decirlo.

Él me hizo entrar y se sentó en su silla. Antes de comenzar me ofreció agua, y luego me sonrió amablemente mientras decía:

—¿Qué te trae por aquí, Sergio?

Sentí que era ahora o nunca. Me aclaré la voz y le dije:

—Quiero ser totalmente transparente contigo, Iván, y en ninguna manera quiero justificar mi conducta. Quiero abrir mi corazón. Quiero confesarte que por mucho tiempo estuve consumiendo pornografía y que actualmente sigo batallando con pensamientos de mi pasado. Y pareciera que estoy en una batalla que no puedo ganar. La verdad es que, a pesar de ser cristianos, como jóvenes tenemos que controlar un poderosísimo deseo que surge involuntariamente desde lo más profundo de nuestro ser. Además, es muy difícil remar en contracorriente. Los medios de comunicación nos manipulan. La verdad es que, ¿a qué hombre no le llama la atención una mujer hermosa y semidesnuda, sin importar lo que promocione? La mente de los jóvenes está llena de escenas en las que los galanes conquistan a las muchachas y éstas se dejan seducir en forma rápida. Apenas se conocen y ya están en la cama. La televisión y el cine "promocionan" el sexo ilegal, al presentarlo como lo más legal y extraordinario de la vida. Las canciones modernas, los mismos profesores y amigos, todo en el ambiente nos grita que demos rienda suelta a las pasiones. En las escuelas a menudo comienzan enseñándonos sobre el funcionamiento hormonal, luego detallan los pormenores anatómicos del coito, el proceso de embarazo y culminan con las deducciones sobre planificación familiar y uso de anticonceptivos. Pero la información sexual que se nos imparte en las escuelas suele estar **exenta** de datos respecto a la problemática que acarrea el tener sexo prematuramente y fuera del matrimonio. <u>EN LAS AULAS SE NOS ENSEÑA CÓMO TENER RELACIONES SEXUALES EN VEZ DE CÓMO NO TENERLAS</u>. Los jóvenes de hoy somos muy curiosos, y la verdad es que tenemos demasiada "información sexual" disponible con solo un click. Muchos de nosotros tenemos toda la teoría, entonces sólo falta ponerla en práctica, y eso se convierte en una gran tentación. Si le añadimos a esto que los centros de salud nos regalan condones y anticonceptivos, e incluso algunos centros de salud regalan a los jóvenes folletos de cómo usar y cómo ponerse un condón, la cosa empeora. Además, se les dice a las jovencitas una y otra vez que si quedan embarazadas no se preocupen, porque para eso está "la pastilla de las 72 horas", la cual pueden tomar si creen que pueden estar embarazadas, y de esta manera se aborta de manera inmediata. ¡Todo eso nos hace pensar que debemos estar tranquilos al tener sexo! ¡Nos confunde, nos desequilibra! ¿A qué joven no le tentará probarlo si le dicen que no pasa nada si tienes sexo, y que está bien hacerlo? Muy pocas veces oímos hablar sobre la posibilidad de elegir la abstinencia, o sobre las enfermedades, problemas psicológicos, y demás consecuencias que puede traer el sexo prematrimonial. *¡LOS JÓVENES NECESITAMOS QUE NOS DIGAN TODA LA VERDAD ACERCA DEL SEXO!*

Iván no pareció sorprendido ni espantado por lo que yo le estaba diciendo, sino que más bien parecía que hubiera oído este tipo de cosas cientos de veces. Me respondió afectuosamente y con calma:

—Mira, Sergio, casualmente este fin de semana tendremos una conferencia que hemos titulado: "Sexo, por qué tengo que esperar". La impartirá el Dr. Moisés Velázquez, que es un médico reconocido, y tratará sobre todo lo relacionado al sexo: consecuencias, abstinencia, problemas psicológicos, enfermedades, etc. Luego tendremos una sección especial de preguntas y respuestas. Yo creo que al término de estas charlas vas a tener las herramientas necesarias como para ser libre de esos pensamientos. Dios es poderoso, y una vez que conozcas la verdad, ella te hará libre. ¡Magnolia y yo pensamos que la educación sexual en realidad debería ser eso!

Luego Iván oró por mí, y ese fue el inicio de la libertad que yo había anhelado por tantos años...

*   *   *

Toda la semana estuve pensando en esto. ¡Vaya que estaba alegre por los pasos que estaba dando para solucionar mi problema! Y además de alegre estaba ansioso por que llegara el fin de semana y poder recibir verdadera educación sexual, ya que a pesar de que mis padres eran cristianos y me habían dado una buena educación moral conforme a los principios de la Biblia, ellos nunca se atrevieron a hablarme abiertamente de sexo. ¡Iván y Magnolia sin duda sabían que esta conferencia sería de mucha ayuda para todos los estudiantes!

Y no sólo eso, sino que yo quería ser libre de todo el daño que la pornografía había hecho en mí. Esto me dolía aún más si pensaba en mis padres... Si ellos supieran el desvío que yo había tenido en una etapa de mi vida, les destrozaría el corazón. Pero ahora, gracias a Dios, yo había sacado mis problemas a la luz y estaba en vías de solucionarlos...

✻ ✻ ✻

¡Por fin llegó el día de la conferencia! Después de habernos presentado al Dr. Velázquez y de haber leído su curriculum (que acreditaba amplios estudios y conocimientos sobre el tema de la sexualidad), Iván y Magnolia le dieron la palabra a él para que comenzara la charla:

—Queridos jóvenes y jovencitas, —nos dijo— en esta charla abordaremos varios temas que les proporcionarán una información más detallada sobre todo lo que debemos saber acerca del sexo. Trataré de darles la mayor información posible respecto al verdadero significado del sexo, las consecuencias de tener relaciones sexuales a temprana edad, las enfermedades que pueden contagiarse, y otros temas más. E intentaré recordarles que el no poder esperar en pos de una mayor gratificación es un síntoma de inmadurez. A través de mi charla descubrirán que hay secuelas negativas en todo acercamiento sexual fuera del matrimonio. Y también les reafirmaré que el sexo dentro del matrimonio tiene de parte de Dios características especiales y puras. ¿Por qué no comienzan tomando nota de estas características? Se las proyectaré en la pantalla. Ellas son:

• El sexo en el matrimonio está enmarcado por un gran amor, y sólo el amor puede dar a esta experiencia su dimensión adecuada.

• El sexo en el matrimonio es una relación relajada, sin prisas, y en buenas circunstancias que no ofrecen peligro. Los episodios apurados y a escondidas suelen conllevar una fuerte carga de temor, y lo que en el momento parece una aventura termina siendo una experiencia traumática.

• El sexo en el matrimonio está exento de remordimientos. Fuera del matrimonio, los efectos secundarios de enfermedades, culpa, y otras consecuencias podrían echar a perder ese momento y toda tu vida posterior.

—Por lo tanto, la primera pregunta que nos haremos este día es: **¿Por qué tantos jóvenes tienen sexo antes del matrimonio?** Veamos. Les iré proyectando algunas de las **causas**...

1) Porque hace que sus cuerpos "se sientan bien", es decir, por el placer momentáneo que la relación sexual trae.

—Chicos, —continuó el Dr. Velázquez— ustedes tienen que aprender a tomar buenas decisiones, y a diferenciar entre lo bueno y lo malo. Hoy día los medios quieren venderles la idea, equivocada por cierto, de que ustedes son dueños de sus cuerpos y pueden hacer con ellos lo que les plazca, y de que nadie tiene el derecho de decirles lo que deben hacer. Y en consecuencia cada vez se les dificulta más distinguir entre lo correcto y lo incorrecto, entre lo bueno y lo malo. La etapa que están atravesando ustedes (por su edad) es una etapa en la que tanto mujeres como varones sufren muchos cambios hormonales, tienen muchas dudas y temores, e incluso algunos sufren confusión en lo que respecta a su identidad de género. Es común que chicos de sus edades se pregunten cosas como: "¿Seré realmente hombre?" "¿Seré realmente mujer?" "¿Por qué me siento así?" "¿A quién se lo digo?" "¿Seré normal?" A toda esta problemática propia de la edad, se suma el hecho de que la sociedad empuja a los jóvenes a que tengan relaciones sexuales por el puro instinto de hacerlo, por la satisfacción momentánea. Nadie les dice que existe una mejor opción, la ABSTINENCIA, para disfrutar luego muchos años de deleite y placer en relación sexual con la mujer o el hombre que amen, es decir, sus futuras esposas o esposos.

En la clase no se escuchaba ni el más mínimo ruido. Todos estábamos muy quietos en nuestros asientos, totalmente concentrados en lo que el Dr. Velázquez nos estaba diciendo. Él continuó:

—¿Recuerdan que les mencioné que la relación sexual es algo que se debe disfrutar? Bueno, no importa qué tanto diga la sociedad, qué tanto esté empujando a nuestros jóvenes a tener relaciones sexuales a temprana edad vendiéndoles la idea que "cualquier cosa que hagan está bien", lo cierto es que siempre habrá un tremendo vacío dentro de la persona que tiene relaciones sexuales fuera del matrimonio. Inevitablemente tendrá una sensación de estar haciendo las cosas mal, sentimiento que nunca se experimenta dentro del matrimonio. Además, una vez que se prueba el sexo, cuando el joven o la señorita tienen ese sentimiento de haber hecho algo que está mal, lo peor es que si no se arrepienten y dejan de hacerlo por completo, el resultado será un corazón duro, el cual ya no tendrá la sensibilidad para saber que lo que hizo no es correcto.

Luego abrió su Biblia y nos leyó:

—Romanos 1:21 dice: "...se envanecieron en sus razonamientos, y **su necio corazón fue entenebrecido.**" El envanecerse en sus propios razonamientos es algo muy común del ser humano. Cuando hacemos algo que no está bien, inmediatamente nuestra conciencia comienza a razonar para intentar justificar que lo que hicimos "no es tan malo", que "todos lo hacen", que si el sistema educativo lo está enseñando "entonces no debe estar mal", etc., etc.... Y es ahí, donde el corazón queda entenebrecido. Los sentimientos de culpa y vergüenza van desapareciendo gradualmente al seguir practicando la fornicación y al continuar razonando de este modo, hasta que se tiene un corazón duro e insensible ante lo que está mal. Muchachos, muchachitas, yo les aconsejo que siempre pidan a Dios en oración que sus corazones sean sensibles, y que tengan una conciencia limpia y pura, para que siempre caminen en la luz y que estén libres de la tentación y del mal.

Yo hice esa oración en mi interior en ese mismo instante. Sabía que Dios me ayudaría a tener una conciencia y un corazón limpios y puros para comenzar esta nueva etapa de mi vida junto a Keila libre de tentaciones y pecados.

—Ahora bien, —continuó el Dr. Velázquez— la segunda causa por la cual los jóvenes tienen sexo antes del matrimonio es...

2) Por falta de conocimiento e información. La falta de información aumenta el porcentaje de chicos y chicas que tienen relaciones sexuales prematrimoniales.

—*NO PUEDE SER* que hoy en día el sistema educativo esté empujando a nuestra juventud a un desenfreno moral. Los médicos y maestros creen que darles información sobre como tener relaciones sexuales "protegiéndose" con el uso de condón o preservativos es sinónimo de "educación sexual". ¡Y no lo es! Lo que ocurre es que el sistema educativo se está escudando en la mentira de que lo hacen porque quieren reducir los embarazos en las adolescentes. Pero esto está llevando a que haya más promiscuidad entre los adolescentes, por lo cual ni siquiera verán disminuir el número de embarazos. Por el contrario, habrá más embarazos, más enfermedades venéreas, y más problemas de los que hay ahora. Y tendremos cada día más jóvenes intentando llenar con otras cosas ese vacío que sienten por llevar una vida de este estilo. Además, quiero hacerles observar, como médico especialista, que los condones no son infalibles. Entonces, ¿qué pasa si se rompen? ¿O si se salen? ¿O si antes o después del coito existe roce o intercambio de fluidos? Todo esto ocurre, es una realidad, y como el virus HIV está en las secreciones de las personas que padecen SIDA, entre besos, masajes y caricias podría entrar al cuerpo de la otra persona a través de una herida abierta, aunque hayan usado un condón. En resumen, ustedes, jóvenes, tienen que tener bien sabido esto: **si tienen relaciones sexuales con una chica pueden embarazarla, porque no hay ningún método anticonceptivo ciento por ciento seguro, y también pueden contraer una enfermedad venérea. Al tener relaciones sexuales fuera del matrimonio estás jugando a la ruleta rusa, y esos son los riesgos.**

¡Vaya! ¡Qué asombroso! Recién en este momento de mi vida estaba yo entendiendo con claridad todo este asunto, y empezaba a diferenciar lo que indebidamente todos llamábamos "educación sexual" de lo que era **la verdad completa**.

El Dr. Velázquez continuó:

— Por si no lo han oído, hay una película titulada "Blood Money" (traducida al español como "Dinero sangriento" o "Dinero de sangre"), en la que Hollywood por primera vez denuncia el negocio del aborto. En la película se describe la avaricia y el ansia de dinero de los centros donde se practican los abortos. Ellos dicen: "Teníamos un plan para promover el aborto, y lo denominamos "educación sexual". El plan consistía en romper la inocencia natural de los jóvenes, separarlos de sus padres y de sus valores, y convertirlos en "expertos en sexo", <u>para que vinieran a nosotros</u>. Entonces aquí les daríamos pastillas anticonceptivas de baja dosis o condones defectuosos para que las chicas queden embarazadas. La meta era tener entre tres y cinco abortos por cada chica joven de entre 13 y 18 años". ¡Confírmenlo ustedes mismos en You Tube poniendo "dinero de sangre"!

Todos estábamos shockeados, y a la vez agradecidos porque nos estaban quitando las vendas de los ojos. El Dr. Velázquez nos dio unos momentos para que pudiéramos digerir todas estas verdades, y luego continuó...

— La tercera causa por la cual los jóvenes tienen sexo antes del matrimonio es...

3) Por la presión de sus compañeros.

—Una de las razones más fuertes por la que los chicos y chicas deciden tener relaciones sexuales es por la presión que ejercen sus propios compañeros. Creo que todos entendemos claramente este punto, ya que todos en algún momento de nuestras vidas hemos sido victimas de esto. Espero que después de que recibas toda esta información puedas resistir mejor las presiones y puedas tener mayor convicción sobre este tema, para que no permitas que nadie te empuje a hacer algo que tú no deseas hacer. Escucha esto: Somos **cuerpo, alma y espíritu**. Es por ello que ahora analizaremos las consecuencias de la fornicación de esta manera:

Físicas — Cuerpo

Emocionales — Alma

Espirituales — Espíritu

Nos dio unos segundos para copiar en nuestros cuadernos, y continuó:

—Los tres aspectos son importantes, y los tres se ven afectados cuando se fornica. Ahora vamos a ver con más detalle cuáles son las **consecuencias de la fornicación**:

Consecuencias físicas de la fornicación:

1) Pérdida de la virginidad

—Hablemos de la virginidad. Jovencitas y jovencitos, quiero decirles que experimentar el sexo por primera vez es como visitar un extraordinario lugar en la Tierra: todo es fascinante, todo es digno de disfrutar, todo es motivo de investigación y de entusiasmo... si lo haces dentro del matrimonio y con la persona que amas. Cuando esperas hasta el matrimonio, las emociones vividas serán genuinas y exclusivas. En cambio, si has ido a ese sitio treinta veces acompañado de treinta personas diferentes, cuando finalmente lo visites con la que te has casado el suceso será muy distinto. ¡Serás como un simple guía turístico! Las personas sólo se unen verdaderamente en el amor cuando aprenden juntas, cuando comparten acontecimientos trascendentes para ambos, y no cuando uno le demuestra al otro su experiencia. Y una palabra especial para las señoritas: Sepan que los hombres jóvenes aprecian mucho mas la pureza de lo que están dispuestos a reconocerlo. Y, jovencito, si tú aspiras a hallar a una compañera respetable, ¿cuál es la urgencia por adelantarse a ese momento? Aprende a esperar por ella. Vive la vida intensamente, pero conforme a los principios de Dios y a la moral. No degrades su integridad. Eso le dará más valor a tu relación definitiva, a tu matrimonio. No hay cosa más increíble que el hecho de que una pareja de recién casados partan su pastel y se lo coman juntos, en cuerpo y alma.

¡Realmente era muy inspirador escuchar a este hombre! Mientras él hablaba yo pensaba que todos los jóvenes deberían escuchar esto desde que ingresan a la escuela secundaria...

—El término "virginidad" —continuó él— lo han hecho ver anticuado. Pero el verdadero y valioso significado de la virginidad se encuentra en la Biblia. Vayamos a la historia. En las épocas del Antiguo Testamento, cuando un joven y una señorita se casaban, eran acompañados por los padres hasta su alcoba privada, y estos esperaban afuera de la puerta hasta haberse consumado el matrimonio, es decir, hasta el primer encuentro sexual entre ellos. Cuando los recién casados habían terminado de estar en la intimidad, llamaban a los cuatro padres y ellos entraban para revisar la sábana blanca, esperando ver una mancha de sangre. Esta mancha era la evidencia de la virginidad de la novia. Así, los padres de la novia se llevaban la sábana a la casa y la guardaban por si algún día el esposo se quisiera divorciar de ella acusándola de no haber sido virgen en el casamiento. (Pueden leer esto en Deuteronomio 22:13-21). Aquí vemos que **la virginidad era un reflejo de *la santidad, la moralidad* y *la integridad* de la persona.** Además, como en esa época todo pacto era sellado con sangre, cuando una pareja se casaba y tenía intimidad, el rompimiento del himen y **el derramamiento de sangre era una señal de que la pareja había entrado en un pacto sagrado con Dios. El derramamiento de sangre sellaba el pacto.** Ahora bien, el himen es una membrana muy delgada que está colocada en lo profundo de la vagina. Al penetrar el pene, esa membrana se rompe y hay un sangrado. Pero es importante mencionar que hoy en día la medicina ha comprobado que hay hímenes que son tan duros que son imposibles de penetrar, los hay tan elásticos que han resistido toda una vida sexual sin romperse, hay algunos que se rasgan con facilidad incluso realizando sólo ejercicios suaves, la mayoría sangran al partirse, muchos no, algunos producen dolor, y otros no dan ninguna molestia en su ruptura. Aclaro todo esto porque sé que el tema les preocupa a muchos. Es más, yo diría que la pregunta que más comúnmente me hacen es: "¿Todas las mujeres sangran la primera vez que tienen relaciones sexuales?" Y la respuesta es: ¡No! Aunque la mayoría sí lo hace, hay muchas mujeres que llegaron vírgenes al matrimonio y no hubo sangrado, ya que pudo haber habido algún desprendimiento de la membrana por alguna fuerte caída de pequeñas, o por alguna otra razón que no fuera tener relaciones sexuales. Pero volviendo al tema: señoritas, jóvenes (porque también ustedes los hombres la pierden cuando tienen relaciones sexuales), ¡no vale la pena que por unos segundos de pasión pierdan su virginidad y, con ella, el real significado del verdadero pacto de amor que se da dentro del matrimonio!

Luego de una pausa, continuó:

—Pasemos ahora a la segunda consecuencia física de la fornicación:

> 2) Embarazos no deseados

—Sólo en México, por dar un ejemplo, nacen 400.000 niños de madres adolescentes cada año. Y la cifra es igual de alarmante en cualquier país que se fijen. Esta es la generación que más "información sexual" está recibiendo, empezando por la escuela. ¿Y qué ocurre? Creyeron que si les daban "educación sexual" disminuiría la cantidad de embarazos entre los adolescentes y jóvenes, pero eso no está sucediendo. Por el contrario, lógicamente, tanta "información sexual" está causando un desenfreno moral generalizado y más jóvenes sexualmente activos, como así también está propagando muchas y nuevas enfermedades de transmisión sexual. Lo cual nos lleva a la tercera consecuencia de la fornicación:

> 3) Enfermedades

—Aquí mencionaré sólo algunas de las enfermedades que pueden transmitirse por vía sexual, y les iré proyectando las características distintivas de cada una de ellas a medida que las voy mencionando. Presten atención a la pantalla:

Herpes

• El herpes genital es una enfermedad de transmisión sexual (ETS) incurable.

• La mayoría de las personas infectadas no presentan signos ni síntomas de la infección, o presentan síntomas mínimos.

• El virus se aloja posteriormente en el ganglio pudiendo resurgir en brotes recurrentes durante toda la vida.

Clamidia

• La infección por clamidia es una enfermedad de transmisión sexual muy frecuente, causada por la bacteria *Chlamydia trachomatis*, que puede afectar los órganos genitales de la mujer.

• Aunque generalmente la infección por clamidia no presenta síntomas, o se manifiesta con síntomas leves, hay complicaciones graves que pueden ocurrir "en forma silenciosa" y causar daños irreversibles, como infertilidad, antes de que la mujer se dé cuenta del problema. Esta infección también puede causar secreción del pene en un hombre infectado.

• Toda persona sexualmente activa puede contraer la infección por clamidia. Las adolescentes y las mujeres jóvenes que son sexualmente activas están expuestas a un mayor riesgo de infección porque el cuello uterino (la entrada al útero) aún no se ha formado completamente y es más susceptible de tener infecciones. Debido a que la clamidia puede transmitirse durante las relaciones sexuales orales o anales, los hombres que tienen relaciones sexuales con hombres también están en peligro de contraer la infección clamidia.

• Millones de jóvenes se infectan con esta bacteria cada año.

Gonorrea

• La gonorrea es una enfermedad de transmisión sexual causada por la *Neisseria gonorrhoeae*, una bacteria que puede crecer y multiplicarse fácilmente en áreas húmedas y tibias del aparato reproductivo, incluídos el cuello uterino (la abertura de la matriz), el útero (matriz) y las trompas de Falopio (también llamadas oviductos) en la mujer, y en la uretra (conducto urinario) tanto en la mujer como en el hombre. Esta bacteria también puede crecer en la boca, la garganta, los ojos y el ano.

• La gonorrea es una enfermedad infecciosa muy común, y se transmite por contacto con el pene, la vagina, la boca o el ano infectados.

• Toda persona sexualmente activa puede infectarse con gonorrea. En los Estados Unidos, las tasas más altas de infección se registran en adolescentes sexualmente activos y adultos jóvenes.

• Entre los signos y síntomas se encuentran la sensación de ardor al orinar y una secreción blanca, amarilla o verde del pene. Algunas veces a los hombres con gonorrea les duelen los testículos o se les inflaman.

• Cuando la gonorrea no se trata, puede ocasionar problemas de salud grave y permanente tanto en hombres como en mujeres.

• La gonorrea puede propagarse a la sangre y a las articulaciones. Esta afección puede ser potencialmente mortal.

• Cientos de miles de jóvenes sexualmente activos padecen esta enfermedad. Se estima que cada año contraen la infección más de 250 millones de personas en el mundo.

Sífilis

• En la primera etapa, este virus no se detecta con análisis de sangre.

• En la segunda etapa, el virus ya se encuentra en la sangre y produce dolores de cabeza y en las articulaciones; también brotan verrugas indoloras en la nariz, ano o boca. Todos estos síntomas desaparecen después.

• En la tercera etapa, entre dos y veinte años después, se desarrolla un cáncer de hueso o uno de piel muy parecido a la lepra. El virus afecta la medula espinal y el cerebro, por lo que hay degradación mental.

• Se estima que su incidencia anual es de 50 millones de afectados.

SIDA

¿Cuál es el auténtico origen del SIDA? El síndrome de inmunodeficiencia adquirida (llamado SIDA en castellano y AIDS en inglés) es una enfermedad de transmisión mayormente sexual que se debe a una mutación o cambio en un virus propio de una especie de mono africano, que pasó a la sangre humana y allí se ha adaptado y reproducido.

Breve historia del SIDA:

La corta historia de la enfermedad contiene varios acontecimientos importantes...

• Los primeros casos se presentaron en 1981 entre homosexuales.

• En 1983 se manifestó la epidemia del SIDA también en personas heterosexuales. En ese mismo año Luc Montagnier descubre el agente causante: el VIH (virus de inmunodeficiencia humana).

• En 1985 ya estuvieron disponibles las pruebas para analizar si la sangre contenía o no el VIH. Para esta altura ya se habían contabilizado casos en todos los continentes.

¿Están claramente definidas las formas de contagio del SIDA?

Sí, y se pueden resumir en tres modos de contagio:

1° por relaciones sexuales,

2° por la relación materno-filial durante el embarazo, y

3° por medio de contacto con sangre contaminada (transfusiones, jeringas, etc.).

¿El SIDA tiene cura?

En términos generales, la respuesta es NO. Una vez que la persona se ha infectado de VIH, no hay remedio que se lo quite. Si una persona infectada no recibe ningún tipo de tratamiento, lo normal es que en 6 o 10 años se le desarrolle el SIDA y muera.

El Programa Conjunto de las Naciones Unidas sobre el VIH/SIDA (ONUSIDA) estimó recientemente que en el mundo hay 39.5 millones de personas con SIDA, de los cuales 37.2 millones son adultos, 17.7 mujeres, y 2.3 menores de 15 años.

Diariamente alrededor del mundo se infectan con este virus unas 11 mil personas, es decir, más de cuatro millones de individuos al año. Aproximadamente el 40 por ciento de estos nuevos casos se presentan en jóvenes de entre 15 y 24 años.

—Chicos y chicas,—continuó el Dr. Velázquez—discúlpenme por las cifras alarmantes y la gran cantidad de detalles sobre cada enfermedad que les estoy presentando, pero creo que cuantos más datos e información tengan ustedes mas fácilmente podrán entender la bendición que es la abstinencia. Según los médicos y los servicios de orientación en salud, las infecciones de transmisión sexual (ITS) afectan de manera creciente a los jóvenes y representan uno de los mayores problemas de salud en el mundo entero. Cada año se presentan 340 millones de casos nuevos de infecciones alrededor del mundo, dentro de los cuales un alto porcentaje es de adolescentes y jóvenes. También los especialistas afirman que el aumento de las relaciones entre personas homosexuales y bisexuales ha multiplicado la cantidad de infecciones. El problema es que las personas al tener relaciones sexuales, y los adolescentes en particular, creen que nunca contraerán una enfermedad de este tipo. ¡Pero las cifras indican lo contrario! Todo esto no se los dicen los medios y la sociedad que los empuja a tener relaciones lo antes posible, ¿verdad?

El Dr. Velázques hizo otra pequeña pausa para permitirnos asimilar todo lo que estábamos escuchando, y en seguida continuó su conferencia:

—Veamos ahora las consecuencias emocionales de cuando se fornica:

Consecuencias emocionales de la fornicación:

1) Culpa

—Hay un sentimiento de culpa que acompaña siempre a las relaciones sexuales fuera del matrimonio —explicó—. Es una sensación de haber hecho mal las cosas, un vacío interior que queda después de haber fornicado. Lo asombroso es que este sentimiento nunca se da dentro del matrimonio. Esto no lo dicen entre tanta "información sexual" que les están dando en las escuelas, y no lo dicen porque esta información no está orientada hacia la abstinencia y mucho menos está basada en principios morales y Bíblicos. ¡Pero la culpa aparece de todos modos, aunque no se los avisen previamente!

> 2) Condenación

—Muchos jóvenes han relatado que el sentimiento de culpa fue tan agudo que les llevó a auto condenarse constantemente, y en algunos casos llegaron hasta la depresión. Además, todas estas culpas tienen un efecto secundario cuando te casas: las aventuras sexuales del pasado se graban en la mente como recuerdos, y a esto los especialistas le llaman "basuras de reminiscencia". Son basura porque estorban, y a veces apestan. Mientras más episodios carnales y sin amor protagonice un joven o una jovencita, más se endurecerá su corazón, y en el futuro le será imposible experimentar la belleza de una pasión sana y pura. Todas las experiencias previas le servirán sólo para mecanizar un acto que debería estar lleno de espontaneidad y de vida.

> 3) Baja autoestima

—La autoestima es la columna vertebral que sostiene y mueve el interés de una persona. Tener relaciones sexuales a temprana edad afecta la autoestima, porque hace sentir a la persona que no es lo suficientemente valiosa como para "guardarse" para el futuro. Puede que la persona aparente que todo está bien, pero la realidad es que vive una vida de dolor, de dudas y de tristeza, y siente un vacío que en la mayoría de los casos va a querer llenar teniendo más relaciones sexuales, creyendo que esto aumentará su autoestima, aunque, por el contrario, el vacío se irá haciendo cada vez más profundo...

El Dr. Velázquez cambió la pantalla y continuó hablando a la clase:

—Muy bien, veamos por último las consecuencias espirituales de cuando se fornica:

Consecuencias espirituales de la fornicación:

1) Ruptura de la comunión libre con Dios

—Sí, lo primero que se afecta cuando se fornica es la comunión con Dios. Podemos ver esto desde el origen de la creación: desde Adán, la humanidad reacciona siempre de la misma manera. La Biblia dice que cuando Adán y Eva pecaron, lo primero que hicieron fue esconderse. Es decir que la comunicación abierta y sin nada que ocultar que ellos tenían con Dios fue lo primero que se afectó. Cuando hay relaciones sexuales antes del tiempo adecuado, la vergüenza, la culpa y la condenación rompen e interrumpen la comunión con Dios. ¡Jóvenes, esfuércense por tener siempre una comunión íntima con Dios! Ahora quiero decirles que si alguno de ustedes ha cometido alguna vez un error como éste, no hay nada que Dios no pueda o no quiera perdonar. Él es un Padre amoroso que SIEMPRE está ahí dispuesto a recibirnos y limpiarnos. Pero esto no debe ser una excusa para que ustedes se acostumbren a hacer lo que quieran "total Dios después nos perdona". ¡NO, no es así! Se los digo con el propósito de darles esperanza por los errores cometidos. Cuando deliberada o inocentemente, consciente o inconscientemente, a sabiendas o ignorantemente, violamos los principios de Dios, SIEMPRE estamos dando la oportunidad al diablo para que tenga algún derecho legal sobre nosotros. ¡Y ciertamente cometes un grave error cuando cedes terreno al enemigo! Si bien es cierto que no debemos caminar con temor en la vida por obedecer a Dios, sí debemos conocer la realidad y las consecuencias que se ponen en marcha en el campo espiritual cuando ignoramos las leyes que Dios ha establecido. En 1 Pedro 5:8 la Biblia dice: "Practiquen el dominio propio y manténganse alerta. Su enemigo el diablo ronda como león rugiente, buscando a quién devorar." Sepan que el diablo es real, y que se aprovecha de la desobediencia de la gente. El no respeta edades, sexo ni circunstancias. Su tarea es DESTRUIR, y la hace muy bien.

El Dr. Velázquez hizo una pequeña pausa, y la clase permaneció en absoluto silencio. Creo que todos estábamos pensando en la gran cantidad de información que estábamos recibiendo, y cada uno estaba, en su interior, aplicándola a su propia vida.

Luego de unos momentos, el Dr. continuó la charla...

—No sé si se dan cuenta, pero la verdadera educación sexual abarca e incluye las consecuencias que vienen después de tener relaciones sexuales. ¡Sin embargo, todo esto no se les hace saber a los jóvenes cuando se les convoca a conferencias o clases en las que se los alienta a tener "sexo seguro"! En fin... Ahora quisiera que analicemos juntos los dos mitos más difundidos acerca de la abstinencia, ya que quiero que reemplacen en sus cabezas las mentiras que la sociedad nos cuenta, por las verdades de Dios. Presten atención a la pantalla...

MITO 1:

Las mujeres no quieren correr el riesgo de unirse en matrimonio con un tipo inmaduro, que no haya "conocido el mundo" (es decir, que no haya tenido ya relaciones sexuales con otras mujeres antes) porque es posible que ya estando casado decida hacerlo. En este sentido, los hombres que están hartos de sexo y parrandas son los mejores maridos, pues ya lo han vivido todo. Además, cuentan con una "experiencia" que puede hacer que sea más placentero el sexo con su esposa cuando se casen.

—Muchachos, muchachitas, ¡esto es una MENTIRA! Por empezar, este mito da por sentado que un hombre casto tarde o temprano le será infiel a su esposa para saciar su curiosidad en otras. La realidad es que si antes de casarte vivías dentro de los principios de Dios y la moral, en abstinencia, y guardando tu cuerpo para tu futura esposa, es difícil que *después* de unirte a una mujer te corrompas. Es al revés. Si antes de casado vives en un desenfreno insano y promiscuo, entonces cuando se presenten los problemas maritales, tendrás la *tendencia* a huir por la puerta fácil (y falsa) del libertinaje. En los países desarrollados, el ambiente juvenil se ha degradado tanto que ya es muy difícil encontrar matrimonios jóvenes exitosos. Es que los jóvenes se acostumbraron a tal grado de "libertad sexual" que, después de casarse, lógicamente no consiguen superar sus hábitos promiscuos. Recomendarle a un muchacho que "viva la vida" en el sentido de que se harte de placeres, probando de todo antes de casarse, es tan absurdo como sugerirle a alguien que beba alcohol en abundancia para que después del matrimonio ya no sienta la curiosidad de embriagarse. ¡El que se ha hecho esclavo de una adicción, no se librará de ella sólo por firmar un contrato! Los jóvenes que han abusado del sexo suelen estar tan acostumbrados al erotismo que se excitan con facilidad ante cualquier estímulo y buscan su satisfacción sin importarles lo que opine su esposa. Y no porque sean egoístas, sino porque su cuerpo así lo exige. Y está comprobado que este requerimiento físico conduce más fácilmente a la infidelidad matrimonial que el hecho de no haber conocido mujeres antes de casarse. Desde luego que el varón cuando llega al matrimonio no puede darse el lujo de ser ignorante, eso es verdad. Debe leer e instruirse, y para esto hoy día hay excelentes recursos que capacitan a los recién casados. Yo recomiendo el libro titulado "El acto matrimonial" del Dr. Tim LaHaye. Pero lo demás no necesita escuela. ¡Es algo natural, dado por Dios, y llegado el momento sabrán exactamente qué hacer! Y puedo asegurarles que el sexo de un muchacho y una muchacha vírgenes, que han esperado en Dios hasta el matrimonio, es el sexo más placentero de todo el universo...

Nuevamente el Dr. nos dio un momento para internalizar las verdades que estábamos escuchando, y luego cambió la pantalla al tiempo que decía:

—Vamos a analizar ahora el segundo mito respecto a la abstinencia. Pueden leerlo aquí:

MITO 2:

Ya no existen mujeres vírgenes. Ni siquiera mujeres respetables que crean en la virginidad.

—¡Otra MENTIRA más de la sociedad! Hoy en día existen toda clase de mujeres, y cada joven se enlaza con aquella con cuyos valores se identifica. Los jóvenes que son promiscuos antes del matrimonio, obviamente terminarán uniéndose a una chica experimentada. Pero, ¿qué ocurre en estos casos? Bueno, al principio al hombre no le molestan las "experiencias previas" de su mujer. Pero con el paso del tiempo estará expuesto a lo que se llama "celos retrospectivos", y aunque intente controlarlos su naturaleza masculina los hará aflorar una y otra vez. Tal vez el hombre nunca lo confiese, pero lo atormentará el imaginarse las fogosas experiencias sexuales que vivió su esposa con otros hombres y pensará mil tonterías, tales como: "¿En brazos de quién habrá tenido sus primeras y más emocionantes experiencias sexuales?", o "¿No recordará acaso, al tocar mi cuerpo, a otro hombre que la hizo vibrar antes que yo?" Son pensamientos en general absurdos e infundados, pero siempre dolorosos, a los que muchos varones nunca llegan a acostumbrarse y que a veces terminan como verdaderos casos de enfermedad psiquiátrica.

Luego el Dr. Velázquez hizo una pausa, apagó la proyección, y nos miró seria pero amorosamente al tiempo que nos decía:

—Jovencito, jovencita, ahora vamos a hablar de ti. Es muy probable que durante esta charla hayas descubierto algunas cosas que hiciste mal en el pasado, y otras cosas que haya que arreglar o corregir en tu vida de cara al futuro. Si sientes la necesidad de arrepentirte en este momento de algún pecado, quiero decirte varias cosas. **Primero: tú debes arrepentirte teniendo presente el amor incondicional de Dios**, el cual es misericordioso para todo aquel que se acerca a Él en arrepentimiento. Él perdona cualquier pecado por horrible que sea, pero debes saber que el arrepentimiento no son sólo lágrimas, sino que implica dejar por completo el camino que llevábamos, apartándonos deliberadamente del pecado. **Segundo, haz en este momento un pacto con Dios y pídele ayuda para no volver atrás en ese pecado**. Pídele a Dios que limpie tu mente y tu corazón y que el Espíritu Santo te dé fuerzas para no caer en tentación y te libre de todo mal. Y luego tú haz tu esfuerzo. **Tercero, toma medidas radicales para reorientar tu vida.** La sexualidad está relacionada con todos los otros aspectos de la persona. Por lo tanto, si alguien se encuentra bajo la influencia de un pecado sexual que lo domina (como la adicción a la pornografía, la masturbación o la fornicación), necesita tomar medidas radicales para reorientar toda su vida. Si este es tu caso, te recomiendo que busques un mentor que tenga experiencia en tratar adicciones sexuales y pueda ayudarte. ¡Busca ayuda y consejo, ya que es muy difícil salir solo! **Y cuarto, comienza una vida de lectura diaria de la Biblia.** No existe una manera rápida y fácil de borrar las cuestiones sexuales de la mente. Quizás tan sólo te llevó unos cuantos "clicks" involucrarte en esto, pero te llevará cierto tiempo y disciplina salir. (Sabemos que Dios puede hacer un milagro inmediato, pero en la mayoría de los casos no lo hace así). Uno de los motivos por los cuales es tan extrema la dificultad para borrar las imágenes pornográficas y relaciones sexuales de la mente es el siguiente: cuando un hombre observa pornografía, una sustancia química llamada *epinefrina* es liberada en su cerebro. Y esta emisión de epinefrina produce una profunda impresión de la imagen visual, la cual es almacenada en el cerebro. Cuando un acto de auto estimulación (como la masturbación) acompaña a la observación de pornografía, ocurre una liberación de epinefrina aún mayor, haciendo de esta manera que la impresión de la imagen en la mente sea aún más marcada. Y estas imágenes pueden hostigar a un hombre por décadas. Jovencito, jovencita, ten la seguridad de que existe una salida para este pecado de adicción a la pornografía... ¡pero no te engañes con la promesa de una salida fácil, porque no la hay! Por eso les digo que uno de los pocos métodos efectivos para sacarse estas imágenes pornográficas de la cabeza es pasar tiempo leyendo y memorizando las Sagradas Escrituras cada día. Para que comiencen, les dejo de regalo estos dos versículos...

"No os conforméis a este siglo, sino transformaos por medio de la renovación de vuestro entendimiento, para que comprobéis cuál sea la buena voluntad de Dios, agradable y perfecta." Romanos 12:2 (RVR60)

"¿Con qué limpiará el joven su camino? Con guardar tu palabra." Salmo 119: 9 (RVR60)

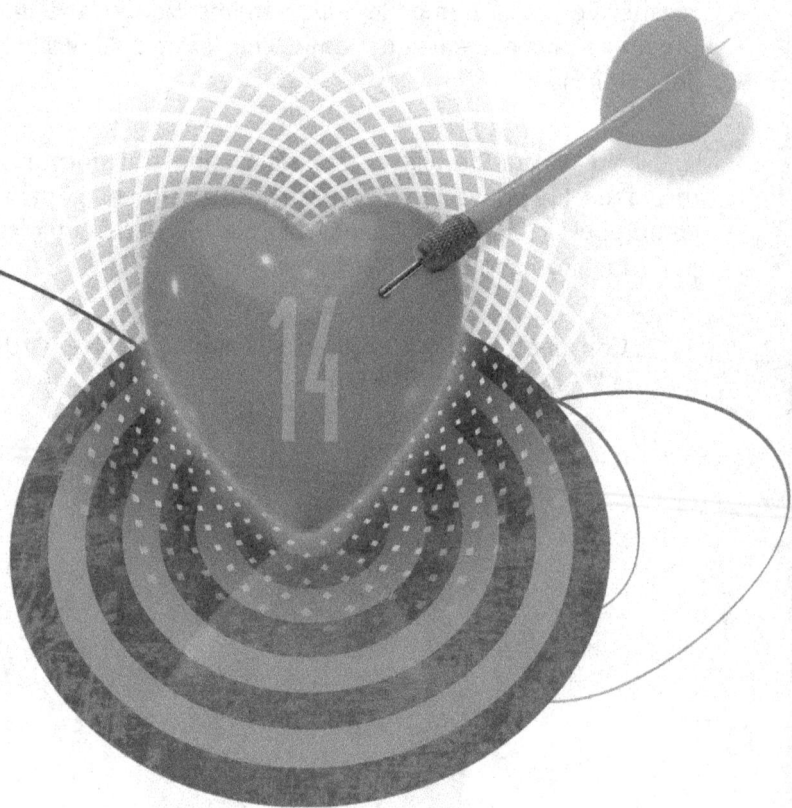

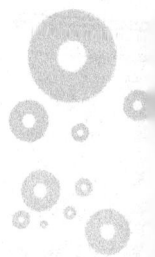

UNA REALIDAD QUE VIVIR: LA ESCUELA TERMINÓ

Era domingo, yo estaba acostado en mi cama pensando, y el sol pegaba en mi cara anunciándome que eran como las diez de la mañana. Parecía increíble, pero el semestre estaba ya terminando. La conferencia había cumplido su propósito: Dios había usado poderosamente al Dr. Velázquez para ministrarnos y traer sanidad y libertad a nuestras vidas. La semana entrante empezarían los exámenes finales. Algunos de mis compañeros se graduarían y ya no estarían mas con nosotros. Muchos de ellos regresarían a sus países de origen y empezarían sus carreras ministeriales fuera de este lugar que era como un nicho protector...

* * *

Durante el tiempo de exámenes, que a propósito llego sin aviso, Keila y yo apenas logramos hablar por teléfono lo mínimo como para enterarnos de lo que pasaba en nuestras vidas y de las cosas que Dios por ese tiempo nos iba mostrando. Sabíamos que estaba llegando un tiempo de despedida por el fin de semestre pero no nos amargábamos. Más bien pensamos que este tiempo de estar alejados nos ayudaría a tomar con más tranquilidad ciertas decisiones, para que éstas estuvieran alineadas con la voluntad de Dios

¡El tiempo se fue muy rápidamente! Muchos de nuestros amigos regresaron a sus casas a enfrentarse con "el mundo real". Y Keila y yo nos despedimos con una gran cantidad de sentimientos encontrados, y con ganas de volvernos a ver pronto. ¡Aún tengo muy fresco ese día en la memoria, y puedo recordar lo que sentía mientras todo esto pasaba!

✢   ✢   ✢

Llegué a casa de mis padres tras tomar tres vuelos y esperar, debido a un retraso, en una ciudad que nunca había visitado. Una vez allí pude contarles la aventura tan grande que había sido el Instituto, y compartirles acerca del enfoque que toda mi vida estaba tomando desde que Dios había comenzado a hablarme más directamente (o yo a escucharlo mejor), y también desde que Keila había aparecido en mi vida.

Mientras ella y yo estuvimos alejados pudimos comprobar mucho de la voluntad de Dios, hablar con nuestros padres, y descansar de todo el movimiento de la escuela. Si bien no fue un tiempo sencillo, sí fue uno para entender bien todo lo que ocurría en la vida que Dios nos estaba permitiendo comenzar de allí en adelante.

✢   ✢   ✢

Gracias a Dios, el tiempo pasa, así que pronto llegó el momento de reiniciar las clases y reencontrarnos nuevamente. Debido a un retraso por mal tiempo en la ciudad de Dallas, muchos de los vuelos entrantes se habían aplazado, y por esto Keila y yo coincidimos en llegar el mismo día a la escuela.

Yo hice todo lo posible para poder encontrarnos rápido. Me registré rápido, busqué mi cuarto rápido, y dejé mis maletas rápido. Finalmente llegó el momento de vernos. Ella parecía más linda que nunca, y yo, no pudiendo esconder la dicha, comencé a correr para alcanzarla pronto. ¡Creo que nunca olvidaré ese día y ese abrazo de reencuentro... y pienso que ella tampoco!

✳   ✳   ✳

Mientras el semestre pasaba, nos tomamos el tiempo para conocernos más y afirmar los limites en nuestra relación conforme a lo que habíamos aprendido en las clases de Iván y Magnolia. Algo que teníamos en común era que ambos queríamos honrar a Dios, y estábamos convencidos de que todo lo que habíamos aprendido tenía que verse reflejado con claridad en nuestras vidas. Juntos tomamos la decisión de nunca mentirnos ni hacer "la vista gorda" permitiendo que pasaran cosas en la relación que nunca fueran corregidas. Dios se estableció como lo primero en nuestras vidas, y nuestro noviazgo no se hizo esperar...

Algo que nos sirvió muchísimo fue entender esto: SI NO ES EL TIEMPO DE ESTAR CASADOS, ENTONCES NO ES UN TIEMPO DE JUGAR A ESTARLO, SINO MÁS BIEN UNO DE SANTIDAD.

La relación que vivíamos era una relación muy hermosa. Parecía estar creciendo entre nosotros el verdadero amor tal y como Magnolia e Iván lo habían descripto. Nuestros respectivos padres no daban voces de alerta sino más bien de aprobación a la relación, y nosotros podíamos sentir un ambiente de favor y bendición rodeándonos.

Los padres de Keila decidieron venir a visitarla por lo menos tres veces durante el semestre, y cada vez me sentía más de la familia. "Hulk", su hermano, me resultaba cada vez más agradable, y puedo recordar una ocasión en la que, mientras estaba en la ciudad, por motivación propia me invito a comer y a ver un juego de los Cowboys. ¡Nos divertimos mucho! Y además de que su hermano y yo cada vez eramos más amigos, lo bueno era que esto me ayudo a conocer un poco más a su familia.

Desde el comienzo de nuestro noviazgo nosotros habíamos decidido someternos a tiempos de consejería con nuestros apreciados maestros, Ivan y Magnolia. Esto fue muy importante para darle un buen comienzo a nuestra relación, y si me peguntaran qué fue lo que más me ayudó en este tiempo, tendría que decir que fue el tener que rendir cuentas a nuestros mentores.

A medida que pasaba el tiempo, todos nuestros amigos en el Instituto ya se imaginaban lo que se acercaba. Algo que aclaramos desde un principio fue nuestra intención de no tener un tiempo de noviazgo muy largo. La posibilidad de que todo tenga un final devastador es, en ocasiones, directamente proporcional al tiempo que el noviazgo dure. No porque no seamos santos, sino más bien porque no somos de acero. Esto decisión fue tomada en uno de aquellos momentos de consejería. Cada una de estas reuniones con Iván y Magnolia fue un tiempo hermoso, y si hay algo que puedo recordar como si aún estuviera frente a nuestros mentores fue el verdadero significado del amor que ellos nos enseñaron y nos mostraron con sus vidas.

* * *

Los días siguieron corriendo uno tras otro, hasta que finalmente llegó el momento: LA ESCUELA TERMINABA. ¡Creo que nunca había orado tanto como decidí hacerlo en ese tiempo! En Romanos 12:1-2 la Biblia dice que debemos presentarnos como un sacrificio vivo, santo y agradable a Dios, y luego dice que debemos transformarnos por medio de la renovación de nuestro entendimiento para que comprobemos cuál es la voluntad de

Dios, que es buena, agradable y perfecta. ESTE ES UN CAMINO DE SANTIDAD Y DE ACCIÓN.

Todo este tiempo de buscar la voluntad de Dios sólo me llevó a una conclusión: ¡si decidía proponerle matrimonio, tendría que viajar a su casa tras terminar la escuela! Si bien yo no sabía exactamente cómo hacer las cosas, ya que para esto no se puede llevar un mapa en la mano, tampoco correría el riesgo de quedarme sentado a esperar que todo cayera cual lluvia de cielo. Decidí hablar con mis líderes y contarles mis planes de casarme. Y luego decidí enfrentar la conversación y la petición más difícil e importante de mi vida. Llegaba el momento de ese "¿Quieres casarte conmigo?", que es todo lo que el noviazgo busca, y yo simplemente avanzaba confiando en Dios.

*   *   *

Cuando la escuela terminó, Keila llevaba en su mano el anillo que con esfuerzo y con mi trabajo en el campus del instituto yo había comprado. El sí de Keila y los sabios consejos que había recibido de nuestros profesores se habían convertido en mi motivación y mi guía para realizar movimientos inteligentes y sólidos. Mis padres recibieron la noticia con felicidad, y decidieron ir conmigo a la casa de Keila en los Estados Unidos.

Terminaba un viaje, y comenzaba otro...

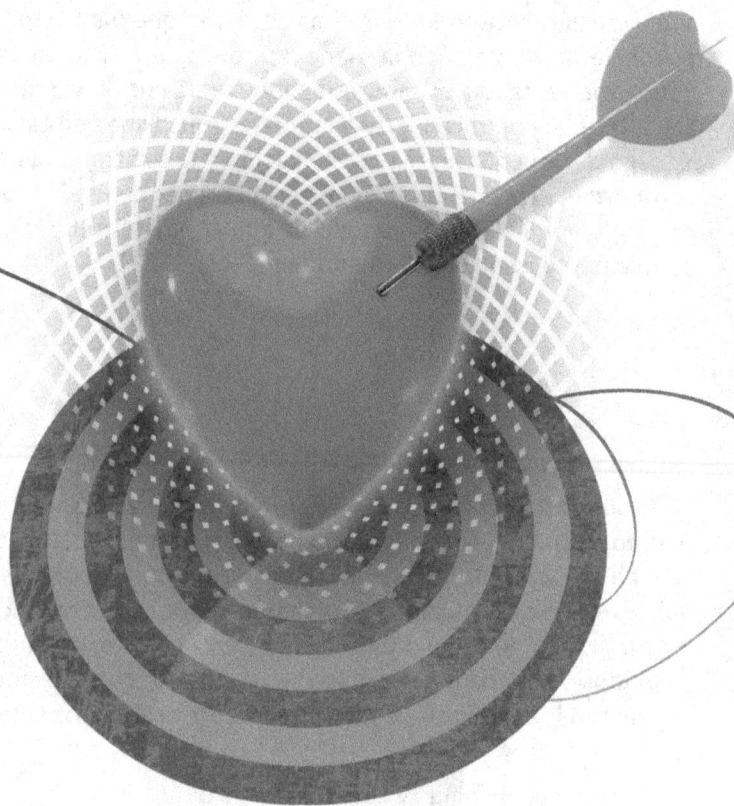

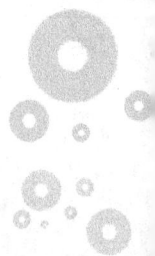

DIEZ AÑOS DESPUÉS

Es una tarde única... ¿Quién puede, viendo un atardecer tan espectacular como este, dudar del Creador? Las gotas de lluvia entre las hojas de los árboles, mezcladas con el reflejo de los rayos de sol, forman un arcoíris. Sus colores brillantes son la pintura perfecta, y señalan el momento ideal para escribir la carta que hace tanto anhelo escribir...

Queridos Magnolia e Iván, amados profesores:

Parece que fue ayer... ¡Aún recuerdo mis primeras experiencias en ese lugar donde no sólo mi vida espiritual dio un giro de 180 grados, sino que también fue el sitio donde conocí al amor de mi vida.

Hoy les escribo con profundo agradecimiento. Keila y yo tenemos 9 años de casados y tres maravillosos hijos: Ana Karen de 6 años de edad, Isabella de 4, y Jairo de 1 año de edad. (Él lleva ese nombre en honor a nuestro gran amigo y compañero).

Keila y yo queremos animarlos a que sigan haciendo lo que han hecho con tantas generaciones que cursan esta materia. Si bien es cierto que la mayoría son solteros, como lo éramos nosotros, los principios que ustedes enseñan son tan necesarios para antes como para después del casamiento. ¡Y sí funcionan! Hoy en día somos los encargados de los matrimonios jóvenes de una iglesia en crecimiento, y vemos que el matrimonio es "el blanco más atacado". Es un reto, y una alegría a la vez, el poder sembrar en otros lo que 10 años atrás ustedes sembraron en nosotros.

Esperamos verlos pronto en la reunión de exalumnos que se llevará a cabo en el mes de Diciembre. Allí les contaremos con más detalle las anécdotas y experiencias vividas en lo que ustedes tanto nos repitieron: "la segunda decisión más importante de nuestras vidas"...

101 PREGUNTAS DIFÍCILES y 101 RESPUESTAS DIRECTAS

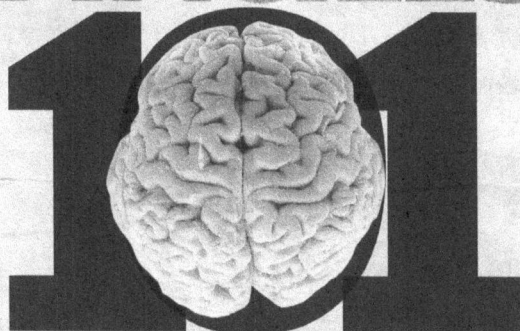

AMIGOS

Supervivencia para adolescentes

MARK OESTREICHER
& KURT JOHNSTON

AMIGOS
SUPERVIVENCIA
PARA ADOLESCENTES

Editorial Vida

Lo que (casi) nadie te dirá acerca del sexo

La perspectiva de Dios para tu sexualidad

Lo que (casi) nadie te dirá
acerca del SEXO

Jim Hancock y
Kara Eckmann Powell

Editorial Vida

ROJO
CUANDO UNA NUEVA GENERACIÓN LE ADORA

Incluye
CD
de regalo

Editorial Vida

Mucho más allá del escenario y la euforia, Emmanuel Espinosa y los integrantes de ROJO hablan de los retos y desafíos que han vivido como grupo y ministerio. Exponen como ninguna situación adversa en la vida es suficiente para silenciar la canción que le podemos entonar a Dios en todo momento.

El rockero y la modelo
QUE LLEGARON VÍRGENES AL MATRIMONIO

EL ROCKERO Y LA MODELO

QUE LLEGARON VÍRGENES AL MATRIMONIO

INCLUYE DVD DE REGALO

GIOVANNI OLAYA Y VANESSA GARZÓN

Editorial Vida

SOLO PARA ELLAS

Solo para ellas: Cuán lejos es demasiado lejos y otros de «esos» temas

Nos agradaría recibir noticias suyas.
Por favor, envíe sus comentarios sobre este libro a
la dirección que aparece a continuación.
Muchas gracias.

Editorial Vida®
.com

vida@zondervan.com
www.editorialvida.com

www.ingramcontent.com/pod-product-compliance
Lightning Source LLC
LaVergne TN
LVHW030634080426
835508LV00023B/3362